WISDOM *of the*
[DIVINATION CARDS] ORACLE

WISDOM *of the*

|DIVINATION
CARDS| ORACLE

WISDOM *of the*
| DIVINATION CARDS | ORACLE

智慧神諭
生活指引卡

|中文詳解專書|

柯蕾特·拜倫里德 Colette Baron-Reid・著

珍娜·德拉葛羅塔莉亞 Jena DellaGrottaglia・繪　安德魯・譯

目錄

關於這套牌卡

　　神諭：一道指引，充滿明智的意見及建議，它來自一個神聖的源頭，可能是一個人、一座神社或某個物體。（神諭的英文 oracle，源自拉丁文 orare：「說話」）

　　占卜：從神諭中詢問探求，並接受神聖啟示的指引。

　　趁著這個時刻，和我一起進入一個神聖的空間。讓我向你介紹一個新方法，它能讓你獲得更高的智慧，使你對自身的目的與命運有更深的了解。歡迎使用我為你設計的這副《智慧神諭生活指引卡》。

　　人們總是問我：妳是怎麼創造出這些牌卡的？我創造的每副牌之間到底有什麼區別？應該這麼說：所有牌卡，都是由時間長河中歷久不衰的古老

系統中的各種元素交織而成，但每一副牌卡都是獨立的，擁有自己的個性和目的。

當每一副牌準備好要出現在這個世界時，都會向我發出召喚，敦促我賦予它生命。彷彿是它在對我說話，告訴我它想要以怎樣的方式被創造出來。當我開始著手創作，它就有了自己的生命。我有時會花上好幾個月的時間來測試，以確保它的準確程度。你現在手中握著的每一張牌卡，都是我經過深度冥想、為所有人的最高利益祈禱之後的成果展現。這副牌以神諭的形式駐留在卡片中，作為你與靈（Spirit）之間的橋梁，揭示你的命運與使命。如果你用心感受，你會在每張牌中看到它既富睿智，也富慈愛。

整個創作的過程十分美妙。我先是接收到了圖像，又接收到了該圖像的意義，並使用最實用的語言，來撰寫成這本說明書的內容。我與藝術家珍娜・德拉葛羅塔莉亞（Jena DellaGrottaglia）先前就合作過其他副牌卡，此次的合作同樣也精彩無比。一如既往，珍娜為牌面的藝術呈現帶來了她標

誌性的超現實主義和天馬行空的風格。她是最重要的功臣，幫助我將我想表達的意境順利化作現實，躍然於紙上。我們都深深為這副牌感到驕傲，也希望你在使用它與神聖對話時，能找到真正的指引和深刻的洞察力。

永遠愛你……
並願神聖持續在你的旅程中保佑你。

柯蕾特

《智慧神諭生活指引卡》
運作原理

　　《智慧神諭生活指引卡》是一種符號語言與對話系統。這52張牌，起源自一些古代占卜工具，它們的系統彼此錯綜複雜地交織在一起。我將易經、北歐盧恩符文、傳統塔羅牌中的小阿爾克那及其他神諭的元素，都容納進這個牌組中，目的是使其盡可能準確。我同時對符號進行了現代化處理，方便讀者理解使用。你會看到許多動物、自然元素和其他意象，目的是要深深觸動你，以利你對你的生活進行靈魂的對話。

　　現在在你手中的，是一個神聖的通訊系統，能幫助你與神聖互動，並接收你人生旅途中各種面向的訊息。使用神諭卡，能讓你深刻連結生命中的更高智慧，讓你反思自己經歷過什麼、學到了什麼，

了解自己現在的正確位置，以及正在前往的方向。

讓這副牌成為你的朋友，讓神諭幫助你獲得所有知識與智慧，來了解自己的選擇，以及其衍生出來的結果。讓神諭幫助你妥善運用你的想法與意圖，為所有人的最高利益，採取正確的下一步。智慧女神就在那裡，從每張牌中凝視著你，等待著告知你重要的訊息，並在你前進的道路上，持續引導你、保護你。她的智慧將在每一張牌中展開，也將在每一種牌陣中展現。她會要求你進入自己的內心，使她的指引在你的體內成形，這樣你就能整合為一體：自我、靈魂與性靈一體，成為你注定要成為的人。

在任何你與源頭連結、尋求神聖意志的時刻，你就會體現神聖秩序的法則。你能夠觸及到一些富有生命力、充滿愛、擁有無限創造力的事物。

想獲取神諭的深層訊息，你需要打開你自己。當你打開你自己並臣服，你的所有需求都會獲得滿足。因此要學會信任，要有信心，始終以開放的心來面對。允許神諭把你帶到一個充滿好奇心的所

在，邀請你向自己提出更深層的問題。智慧女神正等待你透過這些牌卡徵詢她的智慧，這樣你就可以得到答案，知道通往和平、目標、豐盛與愛的道路。

如何使用這副牌

《智慧神論生活指引卡》與我創作過的其他牌組不同。我覺得我有必要為你創造一個機會，讓你就特定的主題進行更直接的對話。這 52 張牌能衍生出超過 250 種涵義，適用於無限多種的生活情境。透過我的夢境與冥想，這副牌真的在向我說話，它要求以一個古老且永恆的陰性神論的形式問世。

這副牌旨在讓你與神論進行簡單、直接的對話，從而更深入地了解你的生活，了解如何與普世的顯化法則合作，創造心中所想的現實。這將涉及到：你是如何在宿命、命運與自由意志的法則中運作。你可以透過單張牌、兩張牌或三張牌的解讀來找到問題的答案。

在讀牌之前，先洗牌，讓正位牌與逆位牌混在一起，因為每張牌在以逆位出現的時候，都代表稍微不同的涵義。請記得，這一點非常重要：拿到一張逆位牌只是代表：神聖正在提供你額外的保護，讓你知道有更好的做事方法。沒有什麼好擔心的。當你收到這樣的牌時，請直接閱讀「保護訊息」即可，因為它往往與正位的涵義相矛盾。如果你先閱讀了「神諭訊息」和「基本涵義」，解讀反而會變得混亂。保護訊息是獨立存在的，與其他涵義無關。

所以，當你看到一張逆位的牌時，不要擔心。神諭正在保護你，提醒你小心與留意，你應該為此高興。坦白說，我大可創作一副有 104 張卡片的牌組來容納所有訊息，包括保護訊息在內，但這樣的話整副牌卡會多到你無法洗牌。

請記住，你問問題的方式，和你所選的牌一樣重要。這副牌不該只是用來回答某件事的「是或否」，它能揭露更多隱藏的訊息，作為你通往豐盛、快樂、滿足的人生旅途中的神聖路標。

你愈是使用這副牌，它就愈了解你，為你的最高利益，引導你前往正確的方向，指出沿途中的陷阱，來確保你能獲得個人的成長與幸福。

為解讀做準備

　　請先祈禱，再開始進行抽卡與解讀。讓你的行動變得神聖，並與你的更高力量相連結，這非常重要。在你決定禱告內容之前，請記住：只為所有人的最高利益而祈求。記住，神諭本身帶有一個使命：照亮最高的善；把光帶入黑暗；不造成任何傷害；支持；並指出通往愛與慈悲、豐盛、目的與和平的道路。

　　我個人喜歡以〈寧靜禱文〉開始，並在最後加上我自己的幾句話：

「神啊，請賜予我接受我無法改變之事的寧靜，
改變我可以改變之事的勇氣，
以及知道如何區分這兩者的智慧。
告訴我在這世上
我需要什麼才能更好服事於祢的旨意，

並以清晰、明辨、誠實與愛指引我前進。
讓我只看見真理的反映。阿們。」

　　你當然也可以到我的網站（www.colettebaron-onreid.com）進行線上抽牌，但你可能會忘記事先禱告。這也沒關係，但我還是鼓勵每個人在接近神諭時，能夠與他們的更高力量保持有意識的連結。

　　解讀始終會反映你的心態，因此，如果你處於強迫或焦慮狀態，或陷入了成癮狀態，我強烈建議你不要使用這副神諭卡，直到你回歸更平穩的狀態。你要明白，處於放鬆的接受狀態，不執著於結果，才是接近神諭的最佳方式，也是使用這副神諭卡的最重要關鍵。

單張牌解讀

　　要進行單張牌解讀，你可以詢問這些問題：

　　・我現在需要知道關於 ╳ 的哪些訊息？

　　・下一步該採取的正確行動是什麼？

‧關於 ×，我正往哪裡前進？

‧我需要學習關於 × 的什麼事？

‧如果我採取這個行動，結果會是什麼？

‧有什麼是我還沒有看到的？

然後洗牌，當感覺對了的時候，抽一張牌，翻開來看一下。

兩張牌解讀

要進行兩張牌的解讀，你可以詢問這些問題：

‧我現在在哪裡？

‧關於這個情況，接下來可能發生什麼事？

洗牌，直到你感覺是抽兩張牌的時候。遵循你的直覺，從牌組中的任何地方選取它們。把它們翻過來，依序排列放置，這樣就可以從左到右進行解讀。

三張牌解讀

三張牌的解讀是依循問題的演變，從過去、現在，直到可能的未來。在洗牌和選擇三張牌之前，你可以詢問這三個問題：

- ‧我曾經在哪裡？（第一張牌：過去）
- ‧我現在在哪裡？（第二張牌：現在）
- ‧這一切將把我引向何處？（第三張牌：未來）

釐清牌

如果你需要更多的洞見，可以抽取第四張牌來釐清。

◇

小心，不要守在同一個主題上重複問題。如果你這樣做，神諭可能會變成一個詐術者，把你送進兔子洞：在它感覺到你已把權力全然交給它的那一刻起，就會把你弄糊塗。我在《來自靈的訊息：神諭、預兆與徵兆的超凡力量》（*Messages from*

Spirit: The Extraordinary Power of Oracles, Omens, and Signs）一書中，曾詳述所謂的神諭濫用現象。唯有帶著尊重，並以正向的求知心態提出你的疑問時，這副牌才會回答你。

掌控自己的能力，與神聖共同創造你渴望在生活中看到的東西。神諭沒有能力使事情發生。它只是一種與神性智慧溝通的方法。

神諭本身對你沒有控制權。你是一個對自己的生命負責的人，透過你的行動與反應，藉由你有意識地選擇療癒過去，你能將全新的理解以及被賦予力量的真理與慈悲帶到現在。未來從你受到過去影響的當下開始演變，而你現在總是有能力做出正向的改變，以顯化對所有人有利的未來。

牌的涵義

每張牌都有五種涵義：

- 基本涵義
- 神諭訊息
- 關係訊息
- 豐盛訊息
- 保護訊息

你可以就你的情況與神聖進行一般性的對話。在這種情況下，你會洗牌並抽選一張牌來獲得即時的洞見；或是抽選多張牌，這樣你就可以看到過去、現在與未來的情況。或者你可以帶著特定的主題來諮詢神諭，例如你目前的感情關係、合作關係或職涯發展。

基本涵義：這是牌卡所代表的核心概念，是人類經驗的所有面向。熟記基本涵義會幫助你與牌卡進行更好的交流，隨著時間累積，更是如此。這些意義是你與神聖對話時的焦點。

神諭訊息：這是對某個問題的一般性回答，當

你想了解與特定主題（關係或豐盛）有關的涵義之前，都要先閱讀這個部分。

關係訊息：如果你詢問的是關係問題（感情關係、人際關係、合作關係），這就是你在讀完神諭訊息後需要閱讀的部分。你可以詢問關於任何關係的問題，無論是過去還是現在的關係，甚至是未來尚未成形的關係（例如：認識新對象）。然而，針對你尚未見過的人，你是不可能探究太多「細節」的。所有上述涉及的關係皆以心為本，可能是一段浪漫關係，也可以是伴侶、家人、朋友，甚至是陪伴你的動物。

豐盛訊息：這部分涉及到你的事業、創意專案，以及與商業或金融有關的任何事情。若你想了解與此一領域有關的答案，在讀完神諭訊息後，請直接閱讀這部分的內容。

保護訊息：正如前面提到的，逆位（顛倒）的牌帶有保護訊息。然而，你不需要因此感到害怕，更不應該忽略它，因為它的作用是幫助你避開危險困難，並溫柔提醒你：即使你因為眼下的現況而失

去信心，你也是持續受到引導且被愛著的。拿到一張逆位牌，表示你正在受到保護與神的指引。這是件值得慶賀的事！保護訊息適用於任何類型主題的問題。

解讀範例

為了幫助你了解如何使用這個占卜系統，我將向你示範單張牌與三張牌的解讀範例，以及一個出現保護牌的實例。這些都是我在這副牌的最後測試階段所做的實際解讀，以及我針對該解讀的見解。

◇

【範例一】戴夫：單張牌解讀

戴夫最近與一個酗酒的伴侶分開，他經營這段關係已經超過 20 年了。這期間他接受了心理治療，最後鼓起勇氣離開這段不健康的關係。他過上了一陣子的單身生活，最近在網路上認識了兩個男人：彼得和荷西。戴夫想跟這兩位都約會看看。他請我幫忙看一下關於這兩個人的牌卡。他對彼得很有好感，但對荷西則持觀望態度，即便他覺得自己與荷西的關係似乎比較平和。

我們選擇了單張牌解讀，來回答戴夫「關於與彼得的潛在關係，我需要知道什麼？」這個問題。

然後我們又做了另一個單張牌解讀，來詢問戴夫與荷西的潛在關係。首先，在第一個問題（戴夫與彼得），我們抽到了〔繞圈子〕這張牌。

抽單張牌：〔繞圈子〕

基本涵義：當某個課題尚未完全整合時，事件的螺旋式發展；你受到挑戰要打破的循環；從一個新的角度重新審視一個模式。

神諭訊息：這張牌的出現是在提醒你，雖然看起來你好像在倒退，但事實是你正站在一個更高的層次上，往下俯看你的環境。你會學到一些東西、做得更好，並打破過去設定的迴圈。實際上你已經鳥瞰了你最初的腳印，能夠獲得智慧與教訓。

關係訊息：你是否在想，我怎麼又回到這裡？在你與他人的關係中，現在是否有一些感覺很熟悉？也許有點太熟悉

了？不要驚訝，你發現自己與同一類人重複著某個舊有的故事，這個人可能看起來並不相似，但你很容易因熟悉他的特質而受其吸引。

你們的關係是一種混合的關係，既有好的方面，也有潛在的挑戰。透過靈對你的進化安排的完美計畫，你受到這個人的吸引。你可能已經回到了一個習慣的點上——一個熟悉的地方——你可以重新再做一次，只是這次不同，因為你從上次學到了一些很有價值的東西。現在你意識到了，那麼你將如何選擇自己的行為？保持好奇心，遠離譴責遊戲。

然後我們為荷西抽了一張牌，結果是〔靈魂伴侶〕。

抽單張牌：〔靈魂伴侶〕

基本涵義：和諧的夥伴關係；愛；友誼；陪伴；促進個人成長的關係。

神諭訊息：你注定要在他人的陪伴下不斷進化和轉變。某些人進入你的生命，是為了把你帶到療癒、覺知與真實性的下一個層次。這是一種互惠的體驗，儘管你們每個人的結果都會有所不同。你認識這些人是透過吸引你走向他們的強大拉力──有時則是最初對他們產生的強烈厭惡感。靈魂伴侶可以是一輩子的朋友，也可以只在你的生命中停留很短的時間。無論如何，你都會以你現在無法想像的方式被改變。今天要注意這些人。他們是你最大的禮物。

關係訊息：從最深層的意義思考愛──愛是如此強大，以致無論你們的關係持續多久，你都將永遠不一樣。想想友誼和浪漫的牽絆是如此引人注目，以致它們使你感激涕零……或是敲碎了你的心，使你最終認清自己的本性。即使是陪伴的動物也會提醒你，你才是被拯救和治癒的人。請注意，有一個靈魂伴侶就在你面

前，來引導你回到真正的自己。

當然，戴夫被神諭的準確性嚇呆了。在和彼得的關係中，戴夫覺得自己深深被彼得吸引，因為彼得的性格狂放不羈。彼得喝得有點多，而且還在上一段關係中受過傷害。戴夫的職業是治療師，和受傷的人在一起是他的專長，所以他很自然地被吸引去拯救彼得。然而，彼得的情緒化給他們正在萌芽的關係帶來許多麻煩，這使得戴夫無法真正與他親密。這段關係中還未構成風險，因為他在情感上仍有所保留。戴夫意識到，在與一個酒鬼相處了 20 年之後，與彼得的關係，像是在邀請他重複過去。但戴夫還是深深受到彼得吸引，因此當他收到這張牌時，他沒有特別高興，但他願意接受牌的訊息。

〔靈魂伴侶〕這張牌並沒有讓戴夫感到驚訝，因為他在與荷西相處時非常自在，儘管有時似乎太缺乏火花了。這段關係中完全沒有小題大作的衝突，這對戴夫來說是全新的體驗，他不再處於一個熟悉的情境。他決定把這張牌解釋為他和荷西將只會是朋友，而非浪漫的關係（因為誠如戴夫所說，

它「感覺」上並不像是這樣）。

六個月後，戴夫告訴我，他和荷西現在是浪漫的親密關係，而且這是他所擁有過最健康的一段親密關係。同時，他們也是彼此最好的朋友。一開始他並沒有「感覺到」浪漫，但這是因為戴夫過去從感情中學到的，只有酗酒者帶來的痛苦、折磨和不可信任。他沒有和清醒、健康的伴侶交往過，所以新關係對他而言，感覺很陌生。戴夫遵循了他的直覺，而非他的衝動，而今美好的結果，讓戴夫感動不已。他與荷西願意一步一步，走進彼此的內心。牌卡帶給戴夫重要的訊息，但更重要的是戴夫心中那個微小但篤定的聲音，最終使他們走在一起，並讓他們不斷探索各種可能性，去開展屬於他們的未來。

現在，他們都覺得他們真的是一對靈魂伴侶。

【範例二】卡塔琳娜：三張牌解讀

卡塔琳娜想問的問題，和她的職涯發展有關。現在她有機會申請公司的更高職位，但她想知道自己是否應該去申請。若拿下這份職位，卡塔琳娜在薪水和頭銜上都會有很大的提升。話雖如此，如果她決定接受這份工作，就會有很多辦公室政治問題需要她來解決。她會承擔更多的責任，並失去更多的個人生活。

卡塔琳娜想問兩個問題：（一）關於申請這份工作，我需要知道什麼？（二）如果我得到這份工作，結果會是什麼？我建議我們考慮重新建構這個問題，以了解其本質：在這個新的潛在職涯機會上，我的最高利益是什麼？

在洗牌與抽選三張牌後，我們把它們翻過來，閱讀基本涵義與神諭訊息，以及豐盛訊息（因為問題與職業有關）。在讀牌過程中出現了一張逆位牌，因此在這種情況下，我們只閱讀保護訊息。

這些出現的牌如下所示：

第一張牌：過去的影響──〔幸福，快樂〕

基本涵義：快樂與知足；充實感；一切安好的感覺。

神論訊息：你的願望現在能夠毫不費力地獲得滿足。在當下找到快樂，無論發生什麼事，都要對事物的現狀感到滿意。你已經從渴望的桎梏中解脫出來，能夠從實際的快樂時刻中體驗到解放，因為你選擇了快樂而非渴望快樂。現在是為快樂而快樂、體驗知足常樂的時候。這一切都與你的身外之物無關。你的快樂是你以及靈對你的生命安排的計畫合而為一的結果。一切都很好。浪潮已經湧入。享受乘風破浪的樂趣吧！

豐盛訊息：這是一個該為你的成就感到自豪的時刻。你做得很好，提供了卓越的貢獻，並因此獲得很好的報償。世界以感激之情照耀著你，你對自己的努力工

作與創造出來的成果感到高興。

這張牌對卡塔琳娜來說深具意義，因為她在事業上確實已經達到一定的高度。當她思考到自己的過去時，幸福，快樂的所有訊息可說是百分之百的準確。

第二張牌：目前的情況
──〔閃閃發光的一切〕
（這張是逆位牌，需要直接看保護訊息）

保護訊息：這是一個信號，代表你應該離開正在考慮的事情。有一層薄薄閃亮的金玉外衣，掩蓋了其下腐爛的敗絮。追求它只會帶來困難的局面，你會為自己深陷其中而後悔。遠離吧。靈保護你的方式不是很奇妙嗎？有更美好的事情在等著你！

對卡塔琳娜來說，〔閃閃發光的一切〕明確告訴了她，為了獲得這份工作，不僅會發生許多內

訂，在決定誰是工作的人選時也存在偏袒。她直覺上感覺到麻煩，但當她只考慮客觀事實時，她又感到矛盾，因為客觀事實都顯示這是個很好的機會。當這張牌出現時，卡塔琳娜笑了，並承認因為有這樣一個明確的警告而鬆了口氣。

第三張牌：潛在的未來──〔命運〕

豐盛訊息：你目前關於豐盛和富足的經歷，已經超出了你個人的控制範圍。你獲邀毫無保留地接受「如其所是[1]」（what is）。這可能是一個暫時的情況，似乎是由外部力量強加給你的，但有一個你看不到、由命運之神決定的潛在目的。這可能是一個你毫無準備的情況，你可能不明白它在當下會給你帶來什麼好處。不要對抗這種情況。順勢而為，看看它會帶來什麼。臣服於它，從現在開始，寧靜將

1　意指事物當下既有的樣貌。

被賦予給你，好讓你做出好選擇。你會確實茁壯成長。

對卡塔琳娜來說，所有的徵兆都表示她應該留在原地，儘管她覺得自己別無選擇，因為此時她的公司並沒有其他高階空缺，而且她也沒有想要離開這間公司另求發展。但這張牌向她證實，如果她臣服於目前的狀況，並且信任在神聖時機的安排下會有更好的結果，一定會有新的機會出現。

◇

【範例三】為我自己解讀

當我感覺自己已經完成了《智慧神諭生活指引卡》的所有創作，我抽了一張牌，來看看我是否遺漏了什麼，或者神諭是否還有更多事情要告訴我。我從答案中獲得了真正的啟發。我的問題是：「關於神諭，我現在需要知道的是什麼？」

抽單張牌：〔該是離開的時候〕

基本涵義：結束；完成；離開某件事，因為當中已經沒有可以學習或體驗的東西。

好吧，我想我充當這套非凡牌卡的管道的工作已經正式完成了！我向你致以最深的謝意，同時衷心祝福這副牌能為你帶來巨大的快樂，並在你通往幸福命運的道路上，提供有意義的指引！

編註：抽到一張牌時，請依以下順序研讀

· 基本涵義（當你抽到正位牌，必讀）

· 神諭訊息（當你抽到正位牌，必讀）

· 關係訊息（當你的問題牽涉人際關係，且抽到正位牌）

· 豐盛訊息（當你的問題與事業、財務相關，且抽到正位牌）

· 保護訊息（當你抽到逆位牌，請只讀保護訊息）

1

陽

Yang

基本涵義：行動與創造性活動的陽性原則；使事情發生的力量；採取行動。

神諭訊息：陽代表行動的力量，推動世界前進的能量，並將思想與欲望顯化為具體的形式。現在是行動的最佳時機，因為你能夠輕易地建立氣勢並取得進展。如果你滿懷信心去做，你想要的東西就

會有結果。這張牌象徵新的生命，是障礙已經被克服的肯定標誌。你沒有理由猶豫不決。你現在是自身命運的塑造者。

關係訊息：情況是支持你的行動的。你可以邁出第一步。要相信，你很快就會知道自己的處境。在與心有關的問題上，狀態朝向你的最高利益移動，所以要放心地去做。空氣中彌漫著激情，現在是隨著愛的旋律跳舞的時候了。起身主導吧！

豐盛訊息：專案、合作關係和所有與你業務有關的事項都已走出障礙階段，進入了「實現」階段！現在是你提出要求的時候！現在是表明你的主張並把事情做好的時候。雖然你會比平時更加忙碌，但這張牌告訴你，你有足夠的能量與活力來完成你的目標。富足的生活正等著你索取。

保護訊息：注意衝動行事、過度自信與攻擊性行為的傾向。三思而後行，以免發現自己處於一個會導致不舒服的後果的情況。要確定你真的想要你所追逐的事物，因為當你得到它時，你可能會感到遺憾。這張牌的出現並不可怕，因為生活就是要學

習教訓。在做出行動之前，要練習節制、外交手腕與深思熟慮。

2

陰

Yin

基本涵義：陰性的接受原則；讓別人先動作；收集資訊和接受別人對你的暗示；「有意識的允許」的藝術。

神諭訊息：這是一個精心設計的接受期，你優雅等待著即將到來的事物，準備在它出現時接受它。陰並不涉及夢想凍結，甚至與休息無關，而是

有意識地允許事物流向你，準備接受即將提供給你的恩惠。它意味著敏感，因為你會帶著警覺研究他人的行動，並考量他們將如何影響你與你的行動。請記住，你必須為奇蹟的出現騰出空間。成為「被塑造者」而非「塑造者」，你會看到你的夢想是如何迅速顯化的。

　　關係訊息：現在就讓別人來帶頭吧。你的力量在於暗示的小動作、溫柔的覺察及有意識的臣服。放下韁繩，你會發現自己毫不費力地接近你真正渴望的事物。允許別人告訴你他們是誰，以及他們能夠成為誰，允許他們的行為來替他們說話。你將感到驚喜萬分。

　　豐盛訊息：這時最有效的行動，是允許他人為你指明前進的方向。觀察他們的行為，跟隨他們的步伐。你想要促成的欲望必須暫時退居二線。合作並提供你的想法，而不是指使事情一定要發生。讓別人來找你。重要的是，他們現在覺得自己有這麼做的權力。這張牌還有另一個涵義，是你應該放下執著，不再強求事物以你想要的形式來發展。多想

想，當你身處成功榮耀之中，你會想要怎麼去「感受」一切？現在允許宇宙向你展示形式。陰是事物本質的徵兆。事情可能比你預期的還要順利。

保護訊息：你在接受方面有困難嗎？當你不斷地堅持當施予者時，你就會停止豐盛的流動。你不可能總是引領，總是給予，總是教導。你必須成為學生；成為開放的容器；成為以對等的程度來接受禮物、暗示動作或提議的人。敞開心房，讓愛、生命、富足與靈充滿你，不帶著要求或期望。就只是接受屬於你的賞賜。

＊ 3 ＊

世界之間

Between Worlds

　　基本涵義：過渡；沒有完全脫離一種情況，也沒有完全投入另一種情況；暫時看不到；無人之境。

　　神諭訊息：在這兩個世界之間，你必須放下假設的傾向。這正是你無法看到未來的時刻。培養好奇心，並信任變化與成長的過程。你已經從最近的

經驗中學到教訓。在這個地方，在「過去」與「未來」之間，是一種創造、解除創造以及再次創造的狀態。「現在」最重要的是承認：你不知道。巨大的自由與力量能夠從中釋放出來。在一個比你自己的思想、感覺、信念、欲望與決定更大的神聖意識母體中，一個無須你去理解的謎團正編織著生命之網。過去播下的種子開始生根萌芽，但浮現出來的可能不是你所期望的事物。當你在兩個世界之間時，你獲邀去用孩子第一次瞥見彩虹的好奇之眼去看。一旦這麼做，你就不會失望。

關係訊息：這是一個探索你與另一個人之間嶄新能量的時刻。這不是一個確定的時刻，而是一個探索與發現的時刻。你還不知道這是否會永遠持續下去，所以允許自己去探索你是誰，去發現在你身上反映了哪些東西。這種關係是為了教育你了解自己。你需要什麼？你喜歡或不喜歡什麼？哪些價值對你來說很重要？你正處於你們關係中的一個關鍵階段，不該撤離或勿忙行事。

豐盛訊息：在你的工作中，有時你會嘗試一些

對別人而言有用的東西，希望自己也能獲得成功。當這張牌出現時，它在提醒你，有時通往你豐盛的道路就是一場賭博。無論輸贏，你都可以從你的賭注中學到很多。這是在嶄新的舞臺上一賭你的技能與才華的大好時機。保持好奇，在時機與運氣的正確組合下，你會偶然發現一些金光閃閃的好東西，它將不同於你之前所知的任何事物。

保護訊息：要留意自己的期望。現在不是斷言保證的時候。事情不會完全按照你的計畫或指令進行。放手去做，看看神聖如何安排。在你生命中占一席之地的事物，將會比你所能想像到的更好。

4

更高力量

Higher Power

基本涵義：有意識地與更高力量接觸；神聖的存在；在萬物中看到源頭的能量；致力於與靈合作。

神諭訊息：這張牌提醒你，你不只是一個試圖獲取成功、致力為自己與他人推動事情發生的人。你擁有不朽的靈魂，並被賦予人類的生命，透過

它，一個更高的力量能夠表達自己。在這個時候，你需要意識到你與靈之間的連結，並藉由祈禱和冥想來培養它。問：「什麼是所有人的最高利益？我要如何貢獻？」然後讓開路來，信任有一個為你的生命制定的計畫，它比你過往所知道的都更加奇妙。你一直都受到神聖的指引與保護。

關係訊息：現在是檢視你在與自己的更高力量的關係上付出多少努力的時候。更高力量被稱為上帝、女神、靈，或其他任何神聖的名字。認識到你與靈的夥伴關係，是你的首要之務。這張牌的出現也表示，你與另一個人之間存在著深刻的靈性聯繫，這對你的成長與進化至關重要。請照料你的靈性連結，保持對你真實本性的覺察。

豐盛訊息：有時候，你的工作就這麼迎面而來：點子不斷奔湧而至，靈感源源不絕，從你甚至不知道自己能夠獲取的源泉中冒出。當你簽訂協議、開始專案計畫，並與作為你夥伴的靈進行合作談判時，你總是會成功。允許你的更高力量來領導。你所感受到的同步性和直覺暗示，將幫助你看

見你被指引的方向，提供你信心，在正確的方向上前進。當事情完成時，別忘了歸功於它。若沒有靈的指引，你就不會成功。當這張牌出現時，謙遜會對你有好處。

保護訊息：現在正是時候，來審視在你的腦海中，你持續給予能量和關注的，是什麼事物。如果你總是執著於自己才是對的；執著於舊有的怨恨或過去落空的希望；執著於金錢；或執著於任何其他的人、地方或事物，這些東西就將成為你創造的源頭。但你其實是想讓靈成為你的源頭的！振作起來，因為你的更高力量永遠不會拋棄你，而且一直在等待你憶起你們之間的神聖夥伴關係。遠離那些不為你的最高利益服務的其他力量來源。沒有比靈更偉大的來源。你可以隨時交出你的困擾，並相信它們會被妥善處理。你會得到非常好的照顧。

5

孤兒

孤兒

Orphaned

基本涵義：失落感；認同危機；承認自己格格不入；歸屬感的需要；不確定自己的角色位置。

神諭訊息：我們都注定要與其他人建立連結——在我們的家庭、社會與更大的文化網絡中。沒有人是一座孤島，重要的是，認識到什麼時候該「成為一部分」而非「分離」，對你的幸福至關

重要。當前的問題是需要找到適合你的位置。忠於你的核心真理和價值觀。也許你不再像以前那樣認同某個團體或社群，需要尋找新的環境。你可能會感受到深切的失落或困惑。滿足對歸屬感的需求，並知道你會在志同道合的人當中找到自己的位置。放下壓力去適應是沒問題的。不是每個人都會理解你。是繼續前進的時候了。

關係訊息：隨著你轉變、發展並致力於自己的成長，你渴望得到支持，但可能會因其他人沒有提供你認為應得的東西而感到失望與受傷。也許你正在遠離這段關係，因為你處於個人成長的不同階段。也許你正在一段新關係中，發現你們沒有相同的價值觀與信念，所以你感覺被排斥在外，無法到達那個安全與歸屬感的親密所在。振作起來，因為靈了解你、深愛你，並會引導你朝著那些接受你的人的方向前進，不帶有任何謀略手腕或個人目的。別為了融入而妥協自己。這不值得你那樣做。

豐盛訊息：這張牌提醒你，你不可能滿足所有人。你無法受到所有人的歡迎，對你來說，即使如

此也沒有關係。清楚你的使命、你的品牌、你的工作角色以及你對世界的貢獻,因為這些必須奠基在你真正需要提供的事物上,而非你認為可以拿來交易或「他們可能想要」的東西。你會透過完全做自己來吸引富足。待在自己的軌道上。那是你會發光的地方,也是你會體驗到豐盛的地方。

保護訊息:這張牌的陰影面說明了拋棄的本質。也許你覺得有必要保持距離,因為親密關係太危險了。它還警告你:不要為了掩蓋舊傷而建立不適當的家庭結構。現在是解決過往形成的不健康結盟,並做出決定來療癒過去的時候。如果你認知自己是完整的,你就不會被世界拋棄。並非所有的關係都是功能失調的,也不是所有的關係都會讓你失望。不要放棄自己。一旦你認出自己的模式且有意識地選擇切斷它們,你就能夠以健康的方式與他人建立連結。生命想要愛你。就隨它去吧。

✦ 6 ✦

不適合你

Not for You

基本涵義：清楚知道某件事物正在拒絕你；「拒絕實為神的保護」。

神諭訊息：有時候，無論你多麼渴望某事，無論你多麼努力工作，你所尋求的結果似乎總是遙不可及。就好像你並沒有真正參與到比賽，你感覺自己只是在場邊觀看而已。抽到這張牌表示你現在不

會得到你想要的。的確，「你希冀的那件事」不會實現。並非所有一切都能在你想要的時候提供給你——現在是全然接受這個事實的時候。振作起來，因為有股仁慈的力量希望你能得到最好的，而且更清楚知道什麼才能為了你的最高利益妥善運作。拒絕實為神的保護。會讓你真正快樂的更好事物已經在路上了！請信任這一點。

關係訊息：有些關係帶有失敗的先天種子，從一開始就很明顯，但你忽略了這個危險信號，或是你拒絕承認它。當一段關係並非天作之合，你就不可能「迫使」它變成如此。拒絕，是你受到神聖保護的標誌。如果你是必須拒絕對方的人，請記住你這樣做是為了你們彼此好。在這世上的每一個人都能找到另外一半，而目前的這一個可能不是最適合的。

豐盛訊息：你可以制定策略、計劃、系統化並投入你所有的時間與精力，但有時你最周密的計畫似乎還是出了差錯。請記住，任何努力都不會白費。快速失敗，並從失敗中學習。然後持續下去。

你最終會獲得成功，雖然可能不是在這場比賽、不是在這個時候。要知道該在何時棄權撤退。

保護訊息：不要追趕逃離你的東西。不要沉迷於躲避你的事情。不要硬是用頭去猛撞。你得不到的東西一點也不浪漫，折磨自己沒有獎勵。有一面警告旗打從開始就一直飄揚，你拒絕去看它，也不會有任何收穫。現在是離開的時候。還有其他目標、其他愛情、其他遊戲、其他成功在等著你。擺脫困擾的方法是全然接受與臣服。靈只想給你最好的。這表示會有更好的事物在等著你。信任吧。

7

流入大海
To the Sea

基本涵義：處於流動狀態；回歸源頭；了解到各部分是如何拼湊成一塊；事件的自然模式。

神諭訊息：當你感覺自己置身在生命之流中，當事件與條件似乎以一種流暢且毫不費力的方式吸引你時，這不是很棒嗎？這張牌提醒你，順著流走正是你現在需要做的事。駕馭由完美條件所形成的

機會之浪潮。當你像河流一樣流入生命之海時，讓信任與信心引導你前進吧。

關係訊息：在一段關係中，有時你必須決定順其自然，而不是強行指定路線——這條路線你必須與他人分享。你能否放棄事事按自己的方式來進行，並讓關係本身——你們共同的目標與願望——來掌舵？你們能否超越自己的個性，讓夥伴關係形成自己的身分、自己的能量？現在是放鬆一下的時候，看看這段共同的旅程會通向何方。

豐盛訊息：當你停止爭先恐後，允許機會的海洋沖刷你並喚醒你最大的豐盛潛力時，一切似乎都會順利進行。要進入那種狀態，你需要改變你對富足與金錢的信念。個人貨幣的真正涵義在於你的技能；你的才能與能力；最重要的是，你的核心信念。一切都從你的內心世界流出，並反映在外在的世界。當你心存感激，將你的豐盛意識與更高的意識結合起來時，就可以期待奇蹟出現。你需要的一切將會很輕易地找到你。

保護訊息：外部條件阻擋了所有前進的嘗試，

一切很明確，似乎再也沒有隱藏的訊息可供你破解。人生會歷經潮起潮落。你處於一個自然的循環中，所以要知道事情會在適當的時機再次流動。你沒有驚慌的理由。停止抗拒與對抗這種情況，學會順著流走，即使是在潮水退去的時候。放鬆並信任：富足很快會再次觸手可及。一句古老的水手諺語現在適合成為你的指南：「三天打魚，兩天曬網。[2]」

---

2 這句話原本是在形容漁夫順應日常步調工作的寫實狀態，後來演變成帶有貶義的諺語，形容一個人無法持之以恆。

8

社群

Community

基本涵義：歸屬；被他人看到與理解；志趣相投的人脈；家庭與友誼的感覺；知道你在世界上的位置。

神諭訊息：這張牌標誌著與一個團體的新隸屬關係。人類是群居動物，我們需要知道自己對家庭和社群是有用處的。在一個社群中，每個人都有

重要的作用，並應該感到**我很重要**。團體的會員提供了歸屬感、親屬感與目的感，這種感覺來自於為所有人的更大成就而共同努力。也許你是靈性或藝術團體中的一員。也許你在一個學習社群中，你在那裡分享對教育的熱愛。無論其形式或重點如何，你的社群都會為你帶來歡樂。你會受到它的啟發，並想為它做出貢獻。你的貢獻可能小到只是現身其中，或大到成為領導者。無論你在團隊中處於什麼位置，它都需要你的存在。

關係訊息：你正發覺你與他人共有某些關鍵特質——同時你也會意識到自己仍獨有的特質。有時你跟隨另一個人領導；有時是你領導，而另一個人跟隨。這張牌的出現，展現出你學習與他人之間適切**共舞**的重要性。接受每個人都有缺點，這是共舞的一大重點。然而，你也被要求留意那些你不想重蹈覆轍的關係動力（模式）。現在正是做出改變的最佳時機，如此你們才能體驗到最佳版本的**你們**。

豐盛訊息：每當你與志同道合的人在一起

時，就有一個獲得巨大財富的強大機會。重要的是要問「我能貢獻什麼？」而非「我能從中獲得什麼？」。弄清楚需求，並尋找滿足它的方法。某些有意義的事物會顯化出來。即使顯化出來的東西看似微不足道，但這也表示機會之門將更為敞開。這張牌還有另一層意義：不要試圖成為滿足所有人的萬能之神。選擇你的角色並忠於它，並出於你的真實性來貢獻給世界。最大的成就感，來自於知道自己有目標。

保護訊息：慎防為了尋求歸屬感而損害你的誠信。你是如何收斂光芒或壓抑自己，以便團體中的其他人能接納你？為了在更大的整體中發揮作用，你是否隱藏了自己的真實身分？這將永遠不會滿足你。現在是時候，來評估你是否願意成為真實的你。挺直你的腰桿。做你自己。真實性是真正的自我表達，也是賦予自己力量的唯一途徑。別害怕做你自己，成為你內心告訴你要扮演的角色。把自己做小，要支付的代價太高了。

9

金銀島

Treasure Island

基本涵義：吸引力法則將夢想顯化成真；正向思考的結果顯而易見；富足源源不絕；財務收益與分享好運。

神諭訊息：你已經努力工作，並按照你對富足的堅定信念採取行動，突然間，在這一切之中，你中了大獎。你已經發現了通往埋著寶藏的地圖，並

挖掘出你內在的無限潛力。你現在必須磨練你識別X標記點的能力，因為這些大好機會有的可能顯而易見，而有些可能不是那麼容易看出來。當你進入這個真正豐盛的階段，信任你的直覺會照亮你的道路。在這個階段，你內在生活所有長期、艱辛的工作，如今都會在外在世界獲得回報。此時在你生活的所有面向中，你都擁有好運。不要忘記享受它並與他人分享，因為分享所帶來的寶藏，會像魔法一樣倍增。

關係訊息：你們的關係是一個寶藏，你們提供給彼此的，甚至比你們需要的更多，但你們目前可能還看不到這一點。無論你們在一起多久了，你和伴侶總會在彼此身上又發現更多寶藏。現在是一個發現的時刻。一切都合拍，而一切又都是嶄新的。浪漫之花綻放了，愛在空氣中彌漫著。你可以放心，這種夥伴關係會給你帶來巨大的禮物與寶貴的課題。保持開放的心。這張牌的訊息是慶祝愛情，以及它所教會你的事物。

豐盛訊息：你可以確信成功是屬於你的。你的

想法都切中要點，你正處於一個真正的表現期，你會看到你在過去播下的豐盛種子正在結果。這張牌的出現，表示你的夢想和願望，與形式世界中具體的豐盛徵兆一致。對事業來說，這是一個非常吉利與幸運的時期。創意計畫將隨著靈感的湧現而蓬勃發展。你也可以與他人分享你的財富。現在慷慨與感激之情將會帶領著你前進。

　　保護訊息：匱乏意識和「不夠」的感覺為你的道路蒙上了一層陰影。這些想法與核心信念的代價相當高昂。你真的想宣稱自己是失望與失敗期望的受害者嗎？你是否在逃避成功，因為你會顯露鋒芒，導致別人會虎視眈眈想要拉下你？或者，你是否陷入了恐懼之中，擔心你會失去已經獲得的事物，所以你抓得很緊，以致錯過了擴展的機會？你該改變你看待世界的方式，從局限的思維轉向豐盛的思維。這是你的挑戰，冒個險吧，因為你除了被禁錮在自己所創造的監獄裡之外，沒有更多可以失去的。打開大門，你會發現富足正等著你去索取。

未完成的交響樂

Unfinished Symphony

基本涵義：未竟之事；不完整的課題；缺乏結論；彌補的需要。

神諭訊息：當你接近完成一個週期或計畫，以及掌握一門課程或技能的時候，那正是你收尾的時刻。在你能夠繼續前進之前，重要的是要接受你目前的處境。練習全然地接受。盤點一下，使情感與

心理上得以畫下句點，並找到你所尋求的答案。如果你留下未竟之事，你就無法向前邁進。對已經過去的事情進行反思，如此一來，交響樂最終才能結束在高音調上。

　　關係訊息：當愛意揮之不去，事情沒有說出口，而你還沒有機會替關係與內心畫下句點時，繼續前進是很困難的。當你得不到結論時，你仍會感到被這段關係束縛。寄出那封信，撥出那通電話，或在喝咖啡時勇敢開啟話題。為自己踏出這一步是很重要的。去接受事情的原貌，你才能達到心境的平和。如果有必要的話，道歉，修復關係。說出你的感受，即便只有你自己聽到也好。清楚知道什麼事情未能得到解決，並好好關上過去的大門，這樣你才可以讓自己自由。唯有如此，新戀情才能開花結果。

　　豐盛訊息：確保你現在已經完成計畫，再開始著手新事物。也許你已經創造了一些特別的東西，它們會提升你的富足感，為你帶來財富的機會。然而，如果你不釐清這個狀況，這些事情只會徒增更

多的混亂。現在是你埋頭苦幹，完成已經累積一陣子的任務的時候。支付你的帳單，簽署文件，將你的檔案歸檔，交作業，完成一件藝術作品。將鬆散的一切收拾好，這樣你就可以堅定地向前邁進，知道自己正走在豐盛的道路上，對未來感到雀躍和興奮。

保護訊息：當未竟之事在你的生活中投下陰影時，它提醒你，拖延是一種自我破壞的形式。拖延並不符合你的最佳利益。即使是跌跌撞撞地前進，也好過於裹足不前。不要想太多，也別讓自己分心——只要收拾好所有待處理的事項，然後交付成果吧。別在終點線前放棄。靈希望你能夠贏得勝利。

✦ 11 ✦

照章行事

By the Book

基本涵義：遵守社會規則；服從；尊重文化或家庭的習俗；普世的法則。

神諭訊息：宇宙在神聖的法則與原則的結構中運作，為人類的經驗和進化提供了一個框架。富足法則、祈禱法則、業力法則、吸引力法則、思想法則、補償法則與自然法則，這些只是已知的幾個。

這些原則創造了完美的秩序，並以一種人類無法理解的精確性來運作。即使是革命，也是依循普世法則運作的結果。反過來看，人類也有自己的法律和習俗，這些規範因文化和家庭狀況而異。法律維持著社會秩序、規範著行為，反映了人們對和諧重要性的本能理解。這是一個學習這些法則並遵守它們的時機，而非成為叛逆者，藐視它們。當這張牌出現時，順從結構、遵守規則，即使它們看起來毫無意義。放下抗拒，因為普世法則會修正任何不和諧的狀態。睜眼留意這些普世法則，此時照章行事會比較容易。

　　關係訊息：與他人相處，需要理解和尊重他們因環境、文化和經驗而形塑成為的樣子。找到中間地帶，同時尊重對方的個性，藉此使關係蓬勃發展。照章行事，而非試圖打破規則或向他人施壓，使其符合你想推進的方式。你們的連結會因此更加深化。

　　豐盛訊息：在這個時候，你可以期待投資獲得回報。無論你追求什麼——無論是你長期珍視的

夢想，你培養的技能，或是你受到召喚要從事的志業——只要你願意按部就班，就會來到你身邊。你無須重新優化別人已經做過的方法來獲得成功。那些已經獲得你所追求的事物的人們，你只要跟隨他們的腳步就好。透過觀察那些已經成功的架構，你可以學到很多東西。你的創意計畫以及對豐盛的承諾，與這個世界的需求是一致的，但你若缺乏耐心，可能會為了更快達到目的而偷工減料。請堅持你知道的有效方法，你就會吸引到富足。

保護訊息：現在是真正改變意識的時候，你準備要起身造反。挑戰那些限制真正進步的結構。僅是以微小的方式反抗是不夠的——這是一場對革命的呼召！你要專注於自己真正想要實現的目標，無論它是否感覺過於離經叛道，很難被現有的秩序接受。天才、發明與變革很少令人舒適，更不太可能被主流所接受。現在可能是對你隸屬的團體的方式說不的時候；採取立場，並做出真正的改變。這也可能代表你內心世界的結構在提醒你：有必要進行澈底的改革。這是一個轉變的時刻，所以請放下對變化的恐懼。你的直覺會帶領你穿越黑暗。現在已

經無法回頭了。信任光明即將到來。頓悟絕對會引發奇蹟。

12

改變的氣息

A Change in the Wind

基本涵義：感覺一種看不見的變化已經啟動；未雨綢繆；意識到你的計畫並不穩固；感受到一股轉變；不確定接下來的風向。

神諭訊息：渴望確定性和抵制變化是人類的天性：希望世界能夠像斑馬的條紋一樣保持一致。然而，人類的經驗中沒有什麼是黑白分明的，也沒有

什麼會保持靜止。唯一確定不變的就是變。現在是一個轉變的時期，因為外在條件暫時與你的心願和期望不同步。堅持下去；請記住，即使是風暴也是為了淨化空氣，散播種子，替未來更好的事物滋養土壤。生活即將變得有趣。帶著好奇去期待它，因為你想知道這股變化之風究竟會帶來什麼東西。未知才是魔力之所在。

關係訊息：關係會經歷某些時期，像是伴侶之間似乎不同步，暴風雨般的情緒與心情威脅著這艘船。也許有人改變了主意，離開了。波濤洶湧的海面提供了互相成長的機會，是你能更加了解自己內心的一種方式，讓你知道你需要什麼才能真正幸福。請放心，無論現在發生什麼事，都會有好的結果。暫時避一下風頭，讓自己從戲碼中抽離出來。空氣即將煥然一新，一切都會重新鮮活起來。而這也終將會過去。

豐盛訊息：當你努力創造一個豐盛的生活時，你可能會遇到意外的逆轉，導致你轉變方向。這是件好事，所以沒什麼好怕的。也許你尋求的某個機

會被別人搶走了。也許你突然發現，正在追求的事物並不符合你的最高利益。你可能並不完全清楚自己需要去哪裡，但你確定事情並沒有按照計畫進行。現在的情況不在你的控制範圍內。等待吧。一切都會安然無恙，實際上甚至會更好。信任吧。

保護訊息：在你的生活中，某些你無法控制的狀況正在醞釀。不要與它們對抗。變化是不可避免的，是為了最好的、更高的利益發生。即使這場風暴吹走了你認為自己為了夢想所建立起來的架構，但這一切終將變成它應該存在的樣子。你將擁有全新的明晰視角與力量去做更好的事情。靈是你的盟友。

13

岔路

Fork in the Road

基本涵義：做決定的時候到了；在準備行動時考慮後果；承擔起自己的義務，做出必要的選擇。

神諭訊息：每個選擇都有其後果。你已經走到十字路口，被要求做出決定。你會藉由選擇左邊的路來實現夢想嗎？還是選擇右邊的路呢？你是選擇鮮少有人行走的路，還是選擇前人已經走過的路？

這是你的選擇，也是你一個人的選擇。環境與其他人不會為你做出選擇。回到當下，不要迴避它，因為它是重要的十字路口。振作起來，因為無論你選擇哪一條路，你都會擁有一段豐富且具有意義的經歷。

關係訊息：在你們關係的演變中，你已經到了一個關鍵時刻。你會選擇哪種方式：是向愛的可能性敞開，還是繼續與世隔絕？是更深入地投入彼此的激情，還是走開？這是一個為你最真實的願望負責並遵循它的時候。誠實地面對自己，你願意做什麼，投資什麼，付出什麼。然後**選擇**。你無法做出錯誤的選擇。如果你向前推進一段關係，要知道這將是基於真相與真實的決定。你會做出一個有意識的決定，而非基於你不想孤單所以乾脆硬撐，或是因為害怕這美好的連結會很強烈所以結束關係。所有的道路都通向你必須在關係中要學習的功課。無論你做出何種決定，它都會使你走在通往更真實的心之體驗的道路上。

豐盛訊息：在這段旅程中，你已經走得很遠

了，而現在你面臨一個選擇。這其中潛藏著一個需求：你需要改變，需要進化，需要改善你的環境。將它限縮到一個簡單的問題，那就是：**我需要成為誰，需要相信什麼**，才能過上豐盛的生活？請誠實、發自內心地回答。之後，關於要走哪條路的決定就會變得毫不費力。要知道，富足就在你身邊。選擇看見它，就會更容易確定方向，因為你的直覺會使道路變得清晰，它知道如何引導你走向自身的福祉。

保護訊息：猶豫不決是非常令人沮喪的，將導致焦慮、損失和混亂。在這個節骨眼上，你不能留在原地而完全迷失方向。注意自己是否習慣讓別人替你選擇，因為這相當於巧妙地迴避承擔責任。不要把你的力量交給別人，甚至不要交給這個神諭。**不做選擇也是一種選擇**，而你必須對此負責。如果這個選擇導致了不理想的情況，請振作起來：靈從未厭倦給你第二次機會。一旦學到了這個寶貴的課題，你隨時能夠重新開始。

14

說出真相

Truth Be Told

基本涵義：誠實；接受事物的本來面目；不再否認；願意透明；溝通清晰。

神諭訊息：有一種真理，它是事物的本質；還有一種真理，是基於信徒或信奉者的主觀哲學。現在不是爭論哪一個真理比較真實的時候。這是召喚你大聲宣告你的真理的時刻，並請你打開自己，

在與他人的交流中保持透明、誠實與開放。向真實的事物臣服，剝去層層的否認來讓你掙脫幻覺的束縛，沒有什麼能比這更讓你自由。保持真實，對自身的不完美感到光榮，靈就會以奇蹟來回應。

關係訊息：如果你願意聆聽人們說什麼並注意他們的行為模式，他們很快就會告訴你他們是誰。這張牌呼籲你進行發自內心、公開的對話。現在是時候看見你們共享的真相，說出你是誰、你需要什麼的真相。沒有人可以替你做這些事。請記住，**你的真相總是基於你的個性以及到目前為止的經驗**。誠實地交流，你會看到這麼做是如何幫助你更能與自己對頻，在這之後，你就會發現更高的真理。不要隱瞞。說出你的真相……並且傾聽。

豐盛訊息：你是否願意不惜一切代價來體驗你渴望的豐盛生活？如果你想成為一名藝術家，你是否將你的藝術視為首要之務？如果你想成為一名治療師，你是否騰出時間學習新事物來幫助你貢獻世界？一名作家必須寫作，一名歌手必須歌唱。忠於你的呼召是你前進的關鍵。這裡還有另一個神諭訊

息。現在是時候看看你對豐盛的想法、感覺與信念的最誠實真相，檢視你與金錢、報酬及有意義的工作的關係。問問你自己，對我來說什麼是真實的？然後你就會找到通往富足的鑰匙。

保護訊息：你在哪裡對自己或他人不誠實？如果你在生活的任何領域不開心，去尋找任何關於隱藏、否認的跡象。這也可能涉及了他人的誤導或隱瞞，或出於祕密的目的而行事。現在是對所有形式的不誠實說不的時候。去要求得到真相。即使你不喜歡你所聽到的，也要承認它會是美麗全新未來的鑰匙，在那裡你無須在欺騙與否認所強加給你的沉重負擔之下做事。讓自己自由吧。現在沒有什麼事比**真相**更重要。

15

瓶中信

Message in a Bottle

　　基本涵義：溝通；一個徵兆；一個指出通往你最高利益之道路的 cledon（古代用這個詞稱呼「在毫不刻意的狀況下領受到的徵兆與指引」）。

　　神諭訊息：當你要求時，靈會向你發出徵兆——當你相信你會收到它們；當你允許自己流暢地使用符號、神諭和預兆的語言時。它們可能以鳥兒

飛過、卡車上的標誌和廣播歌曲的形式出現在你的面前。請好好期待,說明你的方向是正確的徵兆會出現。打開你的耳朵,因為有人可能會說出正確的事,為你的疑問提供答案。今天你的訊息是這樣的:靈聽到了你的聲音,而且答覆有利於你。

關係訊息:你可以期待有人用正向的消息來支持你。這可能是以信件、電話或電子郵件的形式。你是這個消息的預期接收者,因此對你所學到的事物保持開放。最終只會有好事發生。徵兆都在那裡。

豐盛訊息:你對自己的目標與熱情很有把握。你正與你的命運保持一致,靈希望你知道你在正確的軌道上。等待一通電話,一個新的機會,或是一名老朋友或商業連絡人的資訊,這將引導你更接近你的夢想與最大的願望。靈一直在傾聽你的心聲!

保護訊息:你是否拒絕承認這些徵兆,因為你希望事情如你所願?警告旗不是供你欣賞的漂亮裝飾品;它們警告你是有原因的。如果你感覺有什麼不對勁的地方,麻煩可能就藏在你看不見的地方。

不要忽視這些徵兆。靈總是以你的最佳利益為重，並會提醒你注意你所忽視的東西。

✦ 16 ✦

閃閃發光的一切

All That Glitters

基本涵義：需要看清表面的事物；渴望戴上面具或打扮一番，以掩蓋其真實的本質；試圖成為你不是的東西；追逐每一個閃亮的新事物；善變。

神論訊息：想用飾品來妝點自己，為自己描繪出一幅美麗的圖畫，這是人之常情。想獲得名聲地位，或是想要拒絕它們來當作反叛的聲明，這些都

是很自然的。但是，如果它閃閃發光，會更好嗎？無論是一輛快車、一棟大房子、一個頭銜或職位、權威的印記，還是鑽石的閃光，這些標誌會讓你快速了解一個人、一個地方或一件事。但，它們真的有辦法嗎？事實是，人們尋求獲得某些東西，是因為這些會替他們帶來什麼，以及它們如何象徵性地提升他們，使他們更具吸引力。這張牌表示現在是看清裝飾品以外的東西、探究表面之下是什麼的時候了。學會識別人們所戴的面具以及背後的動機。想像一下，如果所有的亮點都消失了，你還會渴望這件物品或這個人嗎？

關係訊息：有時，我們試圖成為我們不是的東西，藉此來打動別人。我們對故事進行一番修飾，加入一些戲劇性的元素，使我們看起來更加吸引人。真正的人就這樣隱藏在閃爍的亮點與光芒的背後。然後有時候，我們看不到別人的真正價值，因為他可能不具備那些乍看之下令人渴望的浮華與魅力。現在是超越表面、超越面具，看清一個人本質的時候了。了解這個人是誰，而非他有什麼或能給你什麼，是很重要的。超越閃亮的外表，尋找內在的

光輝。運用你的內心之眼。放下偽裝，允許真實的事物閃耀吧。

豐盛訊息：有時候，某個機會看起來是如此美好，像金子一樣閃閃發光，你就是無法抗拒，尤其是當別人看起來都做得很好，彷彿敲中母礦脈的時候！在美國的淘金熱時期，每個人都急著前往西部尋找他們的財富——然後在採礦耗盡了地球的黃金礦脈後，整座城鎮就被遺棄了。因此，當你追逐最潮流的、吸引你眼球的閃亮之物時，你也會耗盡自己。你目前的情況有一種善變的特質。不要盯著那些追逐愚人金的人。抵制嫉妒他人的誘惑。他們所取得的成就可能不是你所尋求的真正成功，因此不要拿自己與他們比較。你現在看到的只是表面，只有發光的亮點。請放心，如果你堅持你所知道的，你會經歷你自己的閃亮時刻。所有閃閃發光的東西對你來說未必是金子。

保護訊息：這是一個信號，代表你應該離開正在考慮的事情。有一層薄薄閃亮的金玉外衣，掩蓋了其下腐爛的敗絮。追求它只會帶來困難的局面，

你會為自己深陷其中而後悔。遠離吧。靈保護你的方式不是很奇妙嗎？有更美好的事情在等著你！

命運

The Fates

　　基本涵義：命運；業力；接受有些事情你無法改變，並知道這些事情是什麼。

　　神諭訊息：〈寧靜禱文〉概括了這張牌的涵義：「上帝，請賜予我接受我無法改變之事的寧靜，賜予我改變我可以改變之事的勇氣，並賜予我知道區分這兩者的智慧。」生命中有些事情是你永

遠無法控制的。自然、集體進化與你過去的經歷所帶來的種種條件可能是命中注定的，是靈為了你今生無法理解的更大目的而預先安排的。你可能無法理解某些事件發生的原因，但你可以接受這個奧祕，並利用這些事件與你目前的情況來教導自己。這就是〈寧靜禱文〉中的智慧。

關係訊息：其他人就是他們自己。你無法改變他們。挑戰在於接受他們的本來面目，而不是試圖讓他們以其他方式來適應你。現在你需要審視自己是如何試圖塑造別人，來符合你對他們應該要如何的期待。多了這份自省，你就可以留在關係中，且能避免任何不舒服的情況。又或許，在這種情況下你和他們之間所發生的任何事，從靈的角度來看，早就是完美的呢？現在是接受你無法改變之事的時候，即使這意味著你必須繼續前進，來尊重你自己、對方與靈性。無條件去愛，因為我們每個人都在自己的旅程中，我們無法指導另一個人的旅程。要意識到這種關係確實是命中注定的，你注定要因此進化成一個更好的自己。

豐盛訊息：你目前關於豐盛和富足的經歷，已經超出了你個人的控制範圍。你獲邀毫無保留地接受「如其所是」。這可能是一個暫時的情況，似乎是由外部力量強加給你的，但背後有一個你看不到、由命運之神決定的潛在目的。這可能是一個你毫無準備要面對的情況，你可能不明白它在當下會給你帶來什麼好處。不要對抗這種情況。順勢而為，看看它會帶來什麼。臣服於它，從現在開始，寧靜將被賦予給你，好讓你做出好選擇。你會確實茁壯成長。

保護訊息：很難理解為什麼痛苦的事情會發生在好人身上。命運畢竟是一個謎。然而，我們對環境的處理，對生活挑戰的應對之道，就是我們起身迎接自身命運的方式。現在就是這樣的一個時刻，要意識到你無力改變某些情況，並臣服於接受。請堅持住。生活只會變得更好。要表現得好像你相信一樣，因為你現在唯一能控制的就是你的態度。當你與命運保持一致，留意到你能改變什麼以及不能改變什麼，寧靜就會來到你身邊。

✦ 18 ✦

偶然的機會

Serendipity

基本涵義：機會與準備相結合；同步性意識；幸運和好運以徵兆與符號的形式出現；事件的神奇排列。

神諭訊息：你已經與更大的利益調諧一致，你的夢想與集體的夢想在美妙的和諧中產生共鳴。現在是運氣和準備工作相遇並創造奇蹟的時候，你

自己是不可能計畫好的。請記住，你現在是天意的管道，因為更高的能量將你當作代表整個世界的一股力量。你的命運成為了每個人的命運。你現在所帶來的一切，都會在未來替他人留下一份美妙的遺產。你對世界的貢獻在此時得到了支援。期待意外的發生。微笑吧，因為靈非常愛你。

關係訊息：靈有一個計畫，這個計畫就是在正確的時間，把你放在正確的人面前。你已經或即將遇到一個對你的旅程至關重要的人，一個靈想帶進你的生命的人。只有神聖的力量能夠計畫這次會面——它不在你的掌握之中。請留意靈所呈現的徵兆。

豐盛訊息：你在正確的時間，出現在正確的地點。要心存感激，因為星星排列成對你有利的位置，幸運之神正在對你微笑。勝利與成功是屬於你的。你過去所做的選擇已經為現在擺在你面前的機會做好了準備。這是你的幸運時刻。時機非常完美。

保護訊息：也許你覺得幾乎可以肯定，偶然的

事件注定會導致更好的結果。這應該是一個完美的生意，或是那個你傾心的對象應該就是「對的人」——然而這一切都分崩離析了！考慮一下這個說法：有時，同步與偶然結合在一起，直接把你帶入困境，以便在你中大獎之前提供你需要學習的重要課程。別被失望的戲碼給迷惑了。這片烏雲中真的存在一線生機。靈總是知道你需要什麼，並引導你到你注定要去的地方。請留意呈現給你的徵兆。

19

彈性

Flexible

基本涵義：可教化；開放的心態；在不犧牲最重要的事物的前提下保有適應性。

神諭訊息：一棵樹的根牢固地扎在地上，但它的樹枝卻能在颶風中彎曲……而像是建築物的僵硬結構，則會轟然倒塌。想想看，就在樹的周遭的一切都可能破敗不堪時，這棵樹是如何保持柔韌與安

全。這就是你現在需要的樣子：願意學習新事物，可教化，可塑性強，但堅定地立足，知道自己是誰。常識很重要，但開放的心態也很重要。保持好奇心；保持開放。保持覺察。在這個時候，其他人也會對你表現得更有彈性。

關係訊息：在每段關係中，對新經驗與學習新事物持開放態度是很重要的。你現在需要放下僵化。你並不總是得一直是正確的，不是嗎？達成愉快的妥協是完全沒問題的——你仍然可以滿足自己的需求。各退一步，海闊天空！這張牌在解讀中出現，也可能代表你遇到了一個新的人，他可能不是你的「菜」，但事實證明他非常特別，使你能夠輕鬆放下你對哪種伴侶才適合你的舊觀念。靈活一點——你會為自己的選擇感到喜悅。

豐盛訊息：即使你對自己要顯化的事物帶有清晰的願景——它會是什麼樣子，誰將分享它，以及到時你會得到什麼——你仍然需要放鬆，並向其他可能性開放。靈可能對你有更好的計畫。它可能是一份你沒有預想到的工作、一筆新的資金來源，

或者某些你想像不到的其他機會。保持彈性，提醒自己：這個，或是比這更好的，現在就為我顯化出來。然後，要願意「彎曲」一點。享受奇蹟的結果吧。

保護訊息：當你或別人變得過於僵化時，你就失去了成長與開發潛力的機會，並發現自己處於「我們 vs 他們」的對抗情境中。放輕鬆，打開你的思想與心靈，看看一個更靈活的方法是否感覺會更好。僵化會讓你陷入一場只有輸家而沒有贏家的戰鬥中。你能否找到一種方法，帶來一個互利雙贏的結果？互相做出讓步吧。靈是一個偉大的調解人。

20

想像

Imagine

基本涵義：將想像顯化為真；創意的想法；觀想；將想像力與感受結合起來的力量；創造力；幻覺。

神諭訊息：你想成為誰？為了擁有你想要的生活，你需要相信什麼？你被賦予想像的能力。如果你能夢想它，你就有辦法創造它。這時候，你的想

像力是顯化你所渴望的生活的關鍵。花點時間做白日夢，製作一個「夢想板」來幫助你看到目標，或是進行冥想。讓你的創造之力傳送出能滿足你靈魂的圖像。然後讓你的感受與你的靈感相融合，想像這些事物現在就成為現實。然後重複。你所想像的將成為你的信念，很快你就會看到這些事物在外部的世界實現……就好像魔法一樣。

關係訊息：在心的問題上，你很容易把對另一個人的憧憬當作與那個人連結的手段。雖然這樣很浪漫，但如果你想讓這種關係成為現實，你需要採取行動，而不只是夢想而已。現在是超越白日夢、進入現實、超越幻覺、發展結果的時候。關係就是關於連結，請走進舞池，讓想像力與顯化力攜手共舞。這張牌也可能代表一個具有你所想像的屬性的人即將進入你的生活。你將被改變，變得更好。開始想像吧！

豐盛訊息：這是一個強而有力的時機，去弄清楚你是如何創造你的豐盛，豐盛對你的意義，以及你需要在自己身上發展什麼屬性，才能去推動事情

發生。你需要成為誰來實現你的夢想？你是否能想像自己所渴望的那種生活——真正去想像，不再抑制你的創造力的純粹力量？如果你能想像它，你就能擁有它。做好準備，因為豐盛正等著你現在去索取！表現得「好像」你已經獲得它了。你的夢想真的會實現。

保護訊息：根植於匱乏感的幻想和一廂情願的想法已經進入你的生活。現在你可能看到事情的實際情況，並非是你所希望或想像中的情況。釋放任何恐懼。然後重新設想一遍。也許你正在預想某些可怕的事情發生，並在你的腦海中一再重演那個災難的情景。宇宙會對這種預測做出反應，所以要注意這種小題大作的情形。無論如何，幻想與「往壞處想」（awfulizing）都是對想像力的誤用。清除你內在保有的錯誤信念，保持扎根。保持真實。唯有如此，你才能真正擁有你所渴望的事物。

✦ 21 ✦

清理一下
Clean It Up

基本涵義：了解狀況的核心；擺脫負擔；清理房間；斷捨離。

神諭訊息：你是否曾被情緒的垃圾所困，導致自己無法正常思考？你會不會也被家裡的雜物所包圍？工作太多？無法招架？該是清理房子的時候了！每一件不適合你的物品都會使你心煩意亂。每

一個尚未了結的怨恨，每一次導致匱乏感的與人比較，都占用了你的能量空間。每一張還沒付清的帳單，只是徒增一種不必要的焦慮感。現在是時候打起精神，透過清理房子來釋放自己。就這麼做吧！替正在排隊等著你的奇蹟騰出空間吧！

關係訊息：現在是時候澄清誤會，檢視自己這邊的情況，並向對方好好說出你的想法。掃除舊有的事物，讓春風帶來全新的活力。這是一個大好時機，盤點一下你的關係狀態，看看什麼是屬於你的，什麼是**不屬於你**的，來藉此清理關係。每個人都會帶來一些包袱。整理你隨身帶著的，丟棄你不再需要的。成為沒有負擔的人，如此一來，你們的關係就會蓬勃發展。

豐盛訊息：當涉及你的工作時，像打開郵件、支付帳單、整理時間表、制定清單以及組織起來等這些簡單的事，就是這張牌的意思。你也要為自己騰出時間。這張牌表示你可能不堪重負，無法招架。說「不」是可以的。如果你這樣做，你會變得更加豐盛。

保護訊息：你現在是否有可能過於關注其他人？過度努力去幫助別人？承擔屬於別人的事物，是否使你感到被需要或被渴望？也許你認為減輕別人的負擔是你的使命，但對你和他們來說，代價是什麼？別去清理別人的街道。你將他從該負的責任中拉出來，並不是在幫忙。你也沒有為自己帶來任何好處，而且你可能還會給他們增加更多的壓力。你是因為本來的面目而被愛。你不需要被需要才能被愛。

蒙受福佑

Blessed

基本涵義：不勞而獲、出乎意料的美好事物；恩典是來自靈的意外之禮。

神諭訊息：生命中有某些時刻，突然間，似乎一切都被神聖的介入給安排好。這種蒙受福佑的方式，你難以用言語來表達。彷彿紅海在你面前分開，各種事件巧妙交會，就這麼輕鬆自然驅逐了你

的煩惱。在內心深處你知道，你不應該得到任何東西，而你卻在這裡。現在就是像這樣的一個時刻。現在就讓對所有恩典的敬畏與感激之情來引導你吧。

關係訊息：在一個獨特且神聖的夥伴關係中，你正朝向更深化的親密發展。你知道你注定要建立這種連結。這種結合受到神的祝福，將為這個世界帶來轉化與美麗。這也是一個徵兆，更重要的是，你正受到召喚，與自己和靈建立更深層的親密關係。隨著這種新的發展，你將在自己的生活中看到恩典的證據。

豐盛訊息：意外的財富與好運正來到你身邊。你正處於一個階段，任何阻礙你成功的困難或障礙似乎都會自行消失。準備好接受。機會之窗將為你大開。接受現在給你的祝福，別忘了分享它們。

保護訊息：現在你需要謙卑，因為恩典是一個不勞而獲的禮物。你並沒有透過自己的欲望或行為獲得它。要成為你需要成為的人，你就不能再做你曾經做過的事。在某種程度上，你已經跌到了谷

底，現在你需要的是全然交託。然後你就會獲得祝
福。

✦ 23 ✦

平靜

Peace

基本涵義：擺脫依附的自由；全然的接受。

　　神諭訊息：沒有比這更好的了：安靜的頭腦、充實的心，免於匱乏的自由，以及靈魂的滿足。通往平靜的道路，須歷經全然的接受。你世界中的一切都完全是它應有的樣子。和諧是美麗的。享受它吧。

關係訊息：當兩個人彼此真正一致時，他們之間會有一種天生的和諧。他們就像是兩個經過完美調音的樂器一同演奏，有時甚至無法分辨誰是誰。平靜是屬於你的，它值得你細細品味。

　　豐盛訊息：如今你能夠對你的工作，以及你如何創造自身的豐盛，有著清晰的認知。無論你在做什麼，請持續下去。你受到一個存在（Presence）的召喚，以你所願意的方式，為你的人生與你所創作之物負起全責。你只要存在就夠了，因為你與靈處於平靜的和諧中，而這會在你的工作中展現出來。

　　保護訊息：現在是平靜與幸福的時候，儘管有些突發狀況來攪局。即使你生命中的音樂有不和諧的音符，但這也表示你必須進入內在並微調你這個非凡的樂器。找到內心的和諧，不要指望外在世界來提供確定性。這些雜音也會過去，你的生命將再次充滿美妙的音樂。

24

小睡片刻

Time for a Nap

基本涵義：休息、恢復活力與更新；暫時不作為；允許夢想浮現。

神諭訊息：這是一個遠離塵囂、澈底休息的時間。放下你對世界的憂慮。進入無為狀態，讓自己擺脫目標、清單、欲望的桎梏。沒有什麼比休息、抽離與中立更重要的了。如果你不退後一步、好好

坐下來休息，過度忙碌的頭腦會阻礙你的內在智慧。讓夢想浮現，讓想法流經你，不讓任何力量介入或有意識地跟隨任何特定方向，就像你現在「只觀察、不參與」一樣。

關係訊息：當涉及到與心有關的事情時，現在先不要做任何計畫。如果你沒有伴侶，利用這段時間來了解自己是很好的。如果你和某人有關係，放鬆一下，就只是和你的夥伴在一起。這是一個平淡無奇的時間點。現在不要強求什麼。讓事情自然流動，美麗的更新會自行發生。現在，耐心是實現你內心願望的關鍵。退出你們關係中的行動，讓這段關係可以休息一下，這樣你們的愛與連結就能再次鮮活起來。

豐盛訊息：這是從你繁忙的行程中抽空休息一下的好時機，讓自己有退後一步的機會。你的計畫需要暫時擱置。你的目標可以等一會兒。現在去做夢、想像，放下對任何結果的執著。去冥想，如果可以的話，放個假。事情很快就會加速進展。休息過後，你可能會想做出一些改變。當你把注意力從

待辦事項的清單上移開，允許自己休息時，頓悟會以一種神奇的方式出現。

保護訊息：你是人的存有（*human being*），而非人的作為（*human doing*）。你是否有可能是個工作狂，並因此受苦？你是不是認為拯救每個人是你的工作？你是否總是為每個人服務；跑、跑、跑，直到你幾乎看不清眼前的事物？你已經走到了你能力的極限。你已經努力工作，滋養了人們與每項計畫，但現在的你是一口空井，對他人與自己都沒有任何儲備能量了。當你的身體和精神需要休息時，請不要再讓你的自我保持全速前進的狀態。疲憊在召喚你，現在請你完全停止你正在做的事，休息一下。如果你不這麼做，這張牌的出現可能在預示一種疾病，它源自於那份完全壓垮你的壓力。好好休息，之後你會覺得自己就像個全新的人。現在就這麼做吧。

25

繞圈子

Round and Round

基本涵義：當某個課題尚未完全整合時，事件的螺旋式發展；你受到挑戰要打破的循環；從一個新的角度重新審視一個模式。

神諭訊息：這張牌的出現是在提醒你，雖然你看起來好像在倒退，但事實是你正站在一個更高的層次上，往下俯看你的情境。你會學到一些東西、

做得更好，並打破過去設定的迴圈。實際上你已經鳥瞰了你最初的腳印，能夠獲得智慧與教訓。

關係訊息：你是否在想：我怎麼又回到這裡？在你與他人的關係中，現在是否有一些感覺很熟悉？也許有點太熟悉了？不要驚訝，你發現自己與同一類人重複著某個舊有的故事，這個人可能看起來並不相似，但你很容易因熟悉他的特質而受其吸引。你們的關係是一種混合的關係，既有好的方面，也有潛在的挑戰。透過靈對你的進化安排的完美計畫，你受到這個人的吸引。你可能已經回到了一個習慣的點上——一個熟悉的地方——你可以重新再做一次，只是這次不同，因為你從上次學到了一些很有價值的東西。現在你意識到了，那麼你將如何選擇自己的行為？保持好奇心，遠離譴責遊戲。

豐盛訊息：如果你所處的情景似乎是重演過去在工作中已經發生的事情，那是因為你受邀去檢視你以前看不到的東西。這是一個完美的時機，讓你看看自己的深層動機，以及為了成為你致富旅程的

一部分，而被吸引前來的機會與人們。誰幫助你導航？誰會破壞你？誰支持你？當你發現自己在重複過去的模式時，有哪些熟悉的跡象以及對它們的反應？這是尋找教練或導師的大好時機，他們能夠幫助你看到自己的盲點。重複有用的，而非無效的。然後你就會把自己從舊的迴圈中解放出來，不再繞圈子。

保護訊息：你是否拒絕看到自己的個人責任，重複著你並不需要重新學習的課程？你現在必須向以下事實臣服：你是所有這些反覆演出的表演的共同點。你要高興，因為你處在一個很棒的位置！你現在可以清楚看到你希望退出的迴圈。一旦你發現自己有能力停止迴圈，你就擁有通往自由的鑰匙。對自己好一點。這跟指責無關，而是跟**負責**有關。你能夠擁有充滿愛與豐盛的富足生活，這是靈為你所準備的。

26

幸福，快樂

Happy, Happy

基本涵義：快樂與知足；充實感；一切安好的感覺。

神諭訊息：你的願望現在能夠毫不費力地獲得滿足。在當下找到快樂，無論發生什麼事，都要對事物的現狀感到滿意。你已經從渴望的桎梏中解脫出來，能夠從實際的快樂時刻中體驗到解放，因

為你選擇了快樂而非渴望快樂。現在是為快樂而快樂、體驗知足常樂的時候。這一切都與你的身外之物無關。你的快樂是你以及靈對你的生命安排的計畫合而為一的結果。一切都很好。浪潮已經湧入。享受乘風破浪的樂趣吧！

　　關係訊息：在一段關係中，有些時候你只是對與你在一起的人感覺很好，你知道自己的心是敞開的……交朋友、去愛、去關心另一個人，而不想要任何回報。這就是那種你只想分享的「快樂」。這張牌出現在解讀是要告訴你，快樂與滿足現在就在這裡，而非在未來或其他地方。你所站的地方，青草最為翠綠。對你的關係心存感激與喜悅；如果你正在尋找一個人，那麼現在就要快樂起來——快樂會吸引更多的人，就像花蜜吸引蜜蜂一樣。

　　豐盛訊息：這是一個該為你的成就感到自豪的時刻。你做得很好，提供了卓越的貢獻，並因此獲得很好的報償。世界以感激之情照耀著你，你對自己的努力工作與創造出來的成果感到高興。想想你所做的一切，是不是很神奇？在這一刻，也要記住

你與靈的夥伴關係。你的靈魂一直都知道你可以完成任何能夠為你帶來喜悅的事。

保護訊息：放輕鬆，現在是該展現一些荒唐和愚蠢的時候。透過小丑的眼睛看世界，不要把自己或任何情況看得太嚴肅。找點樂子，玩耍一下，讓笑聲成為一天的主旋律。你會驚訝地發現，在幽默的引導下，所有事情似乎都會水到渠成。快樂和輕鬆是美妙的破冰者。生活是為了遊戲和工作，為了笑聲和淚水，為了慶祝和專注。今天，靈希望透過你而閃耀。微笑並享受每一次呼吸和每一個時刻。奇蹟就存在於今天的傻事中。

27

交換禮物

Exchanging Gifts

基本涵義：施與受的法則；貨幣；權衡；衡量成本與確定價值。

神諭訊息：你正進入一個多產與豐富的時期，各種形式的機會正在呈獻給你。你擁有抓住這些機會所需的一切。然而，為了兌現這些機會，你必須投入時間，交換你的經驗和技能，並全心全意投入

你選擇追求的事物。你做得到！如果你與「施與受」法則保持一致，你就具備了成功的條件。你必須參與付出與收穫、推與拉、做工與存在的舞蹈中。如果你讓恐懼引領你的選擇，你可能會耗盡自己或造成不平衡。眼下不是一個只有做、做、做的時代。要明智運用你的金錢，並注意他人為你的生活所帶來的價值。

關係訊息：愛是兩個生命之間的生命力能量的交換。當它獲得回報時，它就會加倍增長。你必須**給予和接受**，讓愛在你們之間蓬勃發展、豐富流動。靈希望你開始接受所有等待你的祝福，同時也提供同樣的禮物作為回報。打開你的心，讓它被填滿！讓愛進來，也讓它從你身上流出。今天，愛是真正屬於你的。

豐盛訊息：你所有的辛勤工作與努力，你對學習、創造和明智花費你的時間的承諾，會以你可能無法預期的方式得到報償。你自己的禮物——你的時間、你的想法以及你意圖的能量——正獲得宇宙的回報，它正在向你發出徵兆與指示，使同步性的

巧合與機會對齊，為你帶來成功以及更多事物。一切都是一種交換。繼續做你正在做的事。善意將以十倍回報。

保護訊息：小心你所祈禱的事物，因為你可能會得到它！你可能會意識到：你並不想面對隨之而來的巨大代價。你也可能會發現自己處於一個你一直渴望的境地，但你知道你不得不放棄這個機會，或知道自己一定會搞砸，因為你難以支付它向你索求的。如果你想成為著名的音樂家，你必須每天勤練你的技藝。如果你想成為百萬富翁，你必須妥善管理錢財與繳稅。即使是意外之財也要付出代價。不過沒關係，因為靈會幫助你在一段時間內實現平衡。這裡有額外的訊息提醒你，在你生活的許多關係中，只當施予者而不當接受者，你會發現自己處於受害者模式、共依存關係，或是堅持一種錯誤的控制感。其他人可能會促使你繼續證明自己。現在是讓自己遠離這種不平衡的時候。意識到給予和接受都是必要的，是邁向你真正命運的第一步。這一切都會很好，而且會愈來愈好。你不僅能夠處理好這個問題，還會因此發展得更好！

28

打地基

Building Blocks

基本涵義：堅實的基礎；正在進行的美麗工作。

神諭訊息：你擁有培養非凡人生所需的一切。這是一個需要關注你所建立的基礎的時候。你的工作、你的人際關係和你的存在是由你的價值觀、倫理、道德與核心信仰所支撐起來的。它們對你來說

依然真實嗎？它們是否經得起時間的考驗，成為你建構生活的堅實基礎？現在你正做出改變，這將以正向的方式影響一切。你的命運確實是一個非凡且美麗的設計。

關係訊息：當你看到這張牌時，要知道你正在吸引新的人際關係進入你的生活，並鞏固你已經擁有的人際關係，把它們建立在誠實、謙遜、清晰的溝通與真正渴望了解彼此的基礎上。你正朝著為關係奠定基礎的方向前進，而這一堅實的基礎將確保它能承受住任何風暴。長期的關係也得到了修復與強化。你和對方在一起會比分開時更強大、更明智、更有力量。

豐盛訊息：在創造你所期望的豐盛生活的過程中，你將擁有把鐵也鍊成金的能力。現在是在你已經奠定的堅實基礎上再接再厲的時候。請記住，這些基石都被你意圖的閃亮能量所充滿。維持你的夢想，並記住你的資源總是綽綽有餘、你總是足夠，所以富足是永遠存在的。你的創造力受到神聖的啟發，為了貢獻世界，你生命的設計正在成形。你是

為成功而生的。

　　保護訊息：現在是處理你生活基礎中的裂縫的時候。也許你的價值觀已經改變，現在是加強你的信念，放下那些不再幫助你的生命願景的事物的時候。又或者，也許你正進入某種不適合你的情況或者協議，但你選擇去忽略這些提醒你的徵兆。移除腐爛的事物，強化你的核心道德力量與誠信。現在是恪守誠實的時候，因為你受到召喚去翻新與升級你的意識！當你這樣做時，你會非常高興。靈對你的生命有一個壯觀的藍圖，遠超出你的想像。別害怕替換掉不穩固的事物。

✦ 29 ✦

呼吸

Breathe

基本涵義：耐心；等待；緩慢前進；健康；冥想；信任。

神諭訊息：現在需要在所有事情上保持耐心。當你著急的時候，你需要做什麼？當然是慢下來。冥想，並信任。呼吸，然後重複。人類若沒有呼吸就無法存在。現在是讓空氣這一賦予生命的元素來

補充你的身體、存在和你的本質的時候。停下來嗅聞一下玫瑰花，在陽光下呼吸並釋放黑暗——奇蹟就會出現。

關係訊息：現在不要太著急。心需要一點時間來打開。吸一口氣，順其自然。放下約束與焦慮，因為沒有緊張的必要。盡情享受這一刻，等待就不會是困難的。你的心知道自我經常抗拒學習。耐心會以深刻且有意義的方式獲得回報。

豐盛訊息：你已經努力了很久，你的夢想即將實現，而你卻想催促事情的發展。你緩慢地移動，但你仍然在進步，在一個由你的真實本性、你夢想的本質與宇宙的意志所決定的節奏中。緩慢且穩定地贏得這場比賽。如果你放鬆、堅持到底，相信你的直覺和呼吸，你確實會贏。

保護訊息：惰性、懶散與冷漠不是放慢速度的徵兆，而是腐爛與死氣沉沉的標誌。醒醒吧，做一些事情來擺脫這種情況！到外面去呼吸一下新鮮空氣。在大自然中散步，這會提醒你，所有的生命都是有靈性的，是神奇的。做點運動，從你的頭腦中

走出來，進入你的身體，深呼吸。每一次呼吸都很
珍貴。

✦ 30 ✦

滴答響

Tick-Tock

基本涵義：永恆；神聖的時機；無法估量的時間。

神諭訊息：當人類創造了時間後，一切都改變了，也限制住了。人們開始以一種線性的方式看待生命，想像著過去在他們身後，未來在他們面前。但如果這根本不是事實呢？如果每件事——創

造力、美、混亂和秩序——都在現在發生，在一個光輝的永恆不朽中發生呢？你有世界上所有的時間來共同創造你渴望的生活，所以請放下你的應辦事項。放下按照你的期望來塑造每個時刻的需求，知道屬於你的東西永遠不會被扣留。奇蹟現在就在這裡，並且總是在你需要它們的時候，準時出現。

關係訊息：愛情、欲望的滿足，甚至身體的生殖週期都有自己的時間表。有些事情是預定的，無法強迫。每件事都有它的季節、它的神聖與適當的時機，特別是當它涉及到心的問題時。記住，你總是有足夠的時間去愛——去尋找、去培養、去給予和接受它。它的時鐘是永恆的，並根據你的心跳，以完美的節奏跳動。知道這一點不是很好嗎？愛總是準時到來。

豐盛訊息：你的豐盛是由你在人為時間中發生的努力，以及你最重要的顯化夥伴——靈——在神聖、無法估量的時間中永恆的努力所共同創造的。所以請繼續做你正在做的事。保持正向的態度，並承諾保持高振動的思想與感受。如果你聽從這張牌

的訊息，你就會像施展魔法一樣，馬上與你的最高使命與最高利益保持一致。那麼，沒有足夠的時間有什麼好大驚小怪的呢？屬於你的豐盛生活永遠不會與你擦肩而過！

保護訊息：你是否一直覺得時間在流逝，並為你的夢想需要花很長的時間才能實現而感到有點緊張？沒什麼好怕的。你絕對有足夠的時間去做重要的事。那些屬於你，而且只屬於你的奇蹟是不會錯過的。這不是很神奇嗎？指導靈和天使在無形的空間裡盤旋，而你在祂們如此充滿大能的手中，確保你的旅程將充滿各種好事！讓你的信心溫柔地驅散你的焦慮。靈永遠不會拒絕你的最高利益。在神聖、適當的時間裡，一切都屬於你。你可以放鬆下來。

為什麼？

Why?

基本涵義：驅動意圖的動機；知道「為什麼」
的力量。

神諭訊息：現在了解你的動機有很大的力量。
神諭要求你要非常清楚你為什麼問這個問題、尋求
這個答案、以這種方式行事，以及最重要的是，做
出這個選擇。知道你的「為什麼」是實現的關鍵。

當你清楚這一點，你的意圖就會成為創造奇蹟的磁鐵。你的經驗的性質——當你思考某事，感受它，然後採取行動——這些都由動機來定義。這個無形的「為什麼」是種子內部的生命能量，它為種子帶來了生命，並且擁有成長的潛力。

關係訊息：我們並不總是知道為什麼我們會以這樣的方式投入關係，主要是因為我們的感覺並不總是合乎邏輯。現在是時候，去認識到你是否被別人觸發，或你的行為是否由過去尚未解決的問題所驅使。當你問自己，為什麼我會有這樣的感覺，為什麼我說了那樣的話，然後花一點時間自省，答案可能會令人驚訝。傾聽來自你直覺的訊息，來自你內心深處的知曉。它告訴你關於自己以及別人的什麼事呢？歸根究柢，生活是為了感受被愛。奇蹟，以及對你的需求與如何滿足這些需求的深刻理解，是埋藏在「為什麼」當中的寶藏。你今天可以問自己和你的伴侶最有力的問題就是「為什麼？」，透過這個問題來發現寶藏吧。

豐盛訊息：了解你的事業與創投背後的動機，

是通往你偉大成功的門票。現在是問自己一些試探性問題的時候。為世界貢獻的欲望是否在呼喚你？你的豐盛是否會影響更大的利益？當你設想你最豐盛的生活時，你是受到一種目的感所引導，還是被一種賺錢、獲得東西、替未來儲蓄的需要所引導……或以上皆是呢？沒有任何動機是壞的或好的，但對自己隱藏真正在乎的議題，將導致失望及失敗。要清楚你為什麼要做這些事情。如果這些動機是真實的，就接受它們。如果不是的話，就改變它們，這樣你就能活出你的非凡人生。

保護訊息：有時，潛意識否認真相可能會促使你走向一個特定的結果，而這個結果實際上與隱藏在你意識中的意圖相一致。例如，你可能想在你的職業中嶄露頭角，但你的願望並不是真的要分享你的才能，而是要讓自己感覺更好，因為名聲會使人們欽佩和認可你。或者你可能想與拒絕你的伴侶重修舊好，因為你相信你們的感情依然強大，但在內心深處，你真正渴望的是與對方擁有最後的交流。現在是對驅動你選擇的「為什麼」進行深刻反省的

時候。你所發現的事物會使你自由，並使你愈來愈接近你所尋求的幸福。

✦ 32 ✦

就在當下

Here and Now

基本涵義：活在當下；隨遇而安。

神諭訊息：一切都發生在現在，在當下。只有這一刻才算數。如果你放下對未來的憧憬或對過去的反思，你就有能力處理今天的任何事情。活在當下，注意現在正在發生的一切。此刻正充滿著讓你在生命中創造奇蹟的潛能。

關係訊息：你很容易嚮往你現在可能沒有的愛情或友誼——一個更浪漫、更有趣、更可靠、更具激情的愛情或友誼。過去的美好日子已經過去，新的一天已經來臨。讓你的心信任，無論是否擁有你所渴望的關係，現在你都擁有所需要的一切。你無法企及明天。昨天無法回來。當下是你所擁有的一切。活在當下，意識到在這一刻，當你珍惜與認可你美麗的自我時，你便是愛的磁鐵。靈在此刻正瘋狂地愛著你。你知道嗎？轉向靈，在此時此地感受愛的喜悅吧。

豐盛訊息：你正在努力進行的事是寶貴的，你所付出的心力將留下一筆強大的遺產。不要專注於在遙遠的未來實現一個目標，現在就創造你的夢想，放下你對結果的渴望，並承認結果已經存在。它將像魔法一樣，出現在物質世界裡。現在就要求你的豐盛。本質比形式更重要。當你沉浸在豐盛的思想中，你會自動調整到一種永恆與無限潛力的感覺。儘管偶有來自外部的狀況，你還是可以「表現得好像已經是這樣」（act as if）。此刻你是豐盛的。你現在所想的會成為你的現實。活在當下吧。

保護訊息：每當你發現你的思想飄向過去，想知道事情原本是否可以更好，或原本應該更好……每當你發現自己渴望過去的美好時光，你就會流失力量。如果你看得太遠，希望未來能為你帶來確定性，也會是一樣的狀況。在野心的驅使下，你可能會在一個沒有實質內容的地方徘徊太久，而忘記你今天就在這裡。過去和未來都是幻覺。每當你離開當下，你就與你內在的力量脫節，無法用真正的物質來顯化你的現實。過去和未來都不能帶給你所需要的東西。現在才是最重要的。從那些遙遠的地方回來，現在就回到這裡。一切都會好起來，奇蹟會像魔法一樣，在靈的完美時機裡出現！

混亂與衝突

Chaos and Conflict

基本涵義：混亂；與別人持不同立場；緊張的對峙；混亂的價值高於秩序。

神諭訊息：對立的力量聚集在一起，創造出一種動盪的氣氛。但是當你不再受制於它時，請好好思考一下「混亂」這個有益於你的價值。你藉此拋下自己不再需要的部分，隨風而逝，而散落的種子

將重新塑造自己。雖然衝突似乎存在於外部，但其本質也是內部的；它向外投射，造成混亂。你可能會發現自己與別人持不同立場，面對你覺得無法控制的風暴。然而，每場風暴都會過去，混亂會導致事物重新排序。衝突提供了一種方法，讓你看到情況並非只有一面。請將其視為你可能需要躲避與遠離衝突的一個時刻。別急著起身戰鬥。這是一個去理解而非被理解的時刻。

關係訊息：固執使你處在一種對立的狀態。不斷要求正確，只會延長你內心深處渴望解決的衝突。這是一個了解你的價值觀、自我意識，以及什麼對你才是真正重要的時機。有些事是沒有商量餘地的。如果是這樣，那就沒有爭吵的必要。你能找到一條穿越動盪的情緒、到更高處的道路嗎？很快地，空氣會煥然一新，你的處境會比之前好得多，因為風暴已經過去，為新的成長開闢一條道路。如果你建設性地利用這段時間，事情會開始變得刺激且充滿啟發──永遠會比之前好。

豐盛訊息：環境看來似乎很混亂，但目前發生

的一切實際上是一種震盪，以便找到通往屬於你豐盛的真正道路。是的，你此時正歷經一場暴風雨，感覺無論走到哪裡，好像都有反對你的力量。請放心，在這混亂中存在著神聖的目的。起不了作用的一切都離開了你，而你自己最真實的部分仍保留下來。現在發生的事件對你最終的豐盛至關重要。這場混亂是神的啟示，儘管它現在看起來並非如此。隨著時間的演進，你會知道這是真的。

保護訊息：這是一個恢復秩序與認出協商機會的有利時刻。即使在看似混亂的情況下，也存在著一種神聖的秩序，所有元素都完整地重新排序。這會帶來強大的能量。如果你的意圖是為所有人的最高利益找到最佳解決方案，那麼好消息是：這個時機很完美。事情已經被策動了，所以不要害怕跳進去。而這種狀況會如何長期影響你，你很快就會明白的。在混亂的風暴之眼中，活在當下。這是寶貴的一刻。別白白浪費它。

✦ 34 ✦

一臂之力

A Leg Up

基本涵義：接受幫助；授權；相互依賴。

神諭訊息：你已經走到了這個階段，單打獨鬥不再是你的最佳選擇。生命會安排一種讓你與完美對象結盟的方式，他們能在你旅程的下一個階段提供你幫助。在你生活中所有需要推動的領域，各種支持協助都會出現。坦然接受這些慷慨的援助。當

你允許團隊合作和獨立相結合，擁抱互利共生的模式，奇蹟就會發生。現在就是這樣的一個時刻。

關係訊息：健康的關係在相互依存中茁壯成長。關鍵是要認識到，你需要別人，就像別人需要你一樣。你必須允許別人支持你，就像你支持他們一樣。這是一個脆弱的時刻，說出你的需要，並要求他人提供協助。信任吧。你會得到仁慈與愛的回應。不過，別指望他人能讀懂你的想法。要求，就會得到。

豐盛訊息：現在是向導師或商業顧問尋求建議的最佳時機，他們曾經去過你想去的地方，現在也能幫助你到達那裡。如果你這樣做，你會收到非常好的建議，這將有助於你的豐盛。也可能是你的事業已經發展壯大，而你再也無法一人承擔所有事情。現在是允許熱心人士加入你、協助你的時候！相信協助是唾手可得的，它就會如實出現。將權力下放給別人，這樣你就可以朝你的偉大夢想邁出更多步。只要你帶著信心向前邁進，完美的人就會在完美的時間點到來！

保護訊息：你是否總是凡事都堅持親力親為？你是否不相信協助會到來，相信世界的重擔注定要留在你肩上？你需要拋棄單打獨鬥的信念，因為它們對你根本沒有幫助。允許別人協助你。是的，承認自己需要協助會讓你感到脆弱，但變得脆弱是件好事，因為你可以從中汲取教訓。你必須讓別人幫忙──你無法一個人過日子。一旦你改變了期望，你會很驚訝地發現：助你一臂之力的援軍，竟會來得如此之快！

忠誠的心

Loyal Heart

基本涵義：忠心；忠誠；奉獻。

神諭訊息：忠誠的證據將出現在你的生活中。其他人會證明他們對你是忠誠的，而你也會反過來對他們做出全然的承諾。在你心中有一種肯定與持久的確定感。要知道，靈永遠對你忠誠。無論你生活的外在環境如何，都要信任與保持信心，因為你

是永遠被愛的，永遠受到神聖的保護與指引。

關係訊息：你的夥伴關係、友誼與浪漫關係現在都有許多共同的特質。誠實的奉獻、忠實及一顆忠誠的心正在向你展示。你是否也同樣以忠誠來回報他們？現在是發自內心去承諾並信任神聖保護的時候。

豐盛訊息：你對目標的長期忠誠在現實條件的世界中獲得彰顯，你對成功的渴望在現實中形成。成功終於成形了。如果你忠於你的夢想、忠於你的計畫，同時保持彈性並致力於為他人貢獻服務，你將看到真正屬於你的豐盛。這也是一個歡慶靈的時刻，祂是你的顯化夥伴。

保護訊息：你是否對一個想法很執著或冥頑不靈？或者你已經過於依戀某樣東西，以致你不知道該如何讓它離開？它是否已經成為你的一部分，以致你沒有它就不知道自己是誰？現在是檢視過時的信念、老舊的觀念和愚忠的時候。背叛只是一個信號，說明現在是淘汰所有不值得你信任、無須在你生活中留下空位的人的時候。成為新的人、思考新

的事，並向新事物敞開你的心。放棄舊有的事物與你所有的牽掛。靈對你有個很棒的計畫。騰出一些空間吧。

✦ 36 ✦

走到邊緣
COME TO THE EDGE

走到邊緣

Come to the Edge

基本涵義：勇氣；冒險一搏；克服恐懼與接受風險。

神諭訊息：如果你想進步，面對未知是你現在真正擁有的唯一選擇。害怕是沒關係的。現在是去冒一個未經計算的風險的時候——當你為冒險一搏做好準備時，你會感到無比興奮。靈是存在的，

放下你的恐懼吧。你受到召喚去表達你的真實自我。聽從你的心與靈魂，而非你的頭腦。走到懸崖邊緣，你會發現你能飛翔。你必須踏入不熟悉的環境，這樣你才可能找到你的奇蹟。

關係訊息：與人真正親密接觸，讓他看到你的全部，特別是你一直隱藏與保護的部分，是很可怕的。現在是冒這個險，讓自己被看見──真正被看見的時候。重要的是，你要為自己發聲，說出你的需要，聲明你是誰，訴說你的渴望。現在不是打安全牌，而是冒險一搏的時候。你會很高興你這麼做了。如果你在尋求一段關係，也同樣適用。向神靈邁出一步，祂們會提供你真正渴望的事物。

豐盛訊息：如果說何時是你該向未知的領域縱身一躍，那就是現在。這是冒巨大風險的完美時刻。未知是現在唯一的選擇，如果你走到邊緣，你將發現遠超乎你夢想過的數量的財富。縱使會恐懼，也要讓你的勇氣引領你。你不需要知道你所渴望之事物的確切形式。本質要強大得多，靈有辦法提供比你想像還要好的豐盛版本。踏出這一步吧。

結果將會非常驚人。

　　保護訊息：恐懼正在引導你進入你不需要去的地方。此刻你所害怕的，大部分是源自一個舊有信念的虛假幻覺。現在是鼓起勇氣的時候。你不會在海上迷失方向；你不會看著其他人得到你想要的東西，而你卻被拋棄，沒有人愛你——喔，這一切都在腦內劇場如火如荼上演中！看似逼真的虛假證據（False evidence appearing real，譯注：首字剛好拼成 Fear「恐懼」一詞）在你的頭頂上方盤旋。你愈是沉浸在恐懼中，它就感覺愈真實。問問自己：**在我裡面，到底是誰在害怕？**請去愛你的那一部分。問：**現在這個是真實的嗎？**答案很可能是否定的。給自己一個擁抱。害怕是沒關係的。你必須喚醒你的勇氣。在你害怕，甚至感到不自信的時候，靈總是會接住你。

37

永不結束的故事

Never-ending Story

基本涵義：自我批判；受傷的自我；不必要的戲碼。

神諭訊息：有一個故事交織在不完美的生命織錦中，講述了傷害與損失、拒絕與羞辱、自我厭惡與傲慢，以及由不必要的戲碼所產生的各種痛苦。這是一個古老的故事，它的口號是：你不能

這樣做、不能去那裡、不應該那樣說,否則你的世界就會崩潰。今天,你要知道這一切其實都不是真的。天並沒有塌下來。你聽到的聲音只是你的一個微小的、害怕的、受到制約的部分,它陷入了一個謊言,想要保護你,需要被視為一個受害者。去愛那個迷失的那部分的自己。恐懼是它所知道的一切。受到扭曲的指引正在阻止你做真實的自己。你不是你的故事,陳述者只是你恐懼的部分的聲音,它渺小而脆弱,容易被安撫。

關係訊息:有時你的心與另一個人訂立了契約,導致了痛苦,不是因為虐待或忽視,而是其他更複雜的原因。羞愧、對親密關係的恐懼與低自尊是一段關係要成功時的最大挑戰。想想看,這些知識是多麼具有價值。現在你有一個重要的療癒機會,但你必須反思你所編織的關於愛、連結、拋棄、拒絕與孤單的故事。你不僅需要開始一個新的故事;你還需要原諒你告訴自己的舊故事。對相信所有這些敘事的那部分自己保持慈悲。反正它們都不是真實的。

豐盛訊息：恐懼、嫉妒、拖延、貪婪以及對受害者身分的看法，都可能在此刻活躍在你的生活中。你是否將自己與他人進行比較，認為他們的成功應該屬於你？也許你害怕所有的好事向你走來，所以你脫離了自己的軌道，而你完全知道自己在幹嘛，卻似乎無力阻止自己？你是否又回到了起點，或處於一個讓你想起過去失敗的情況？財務上的不安全感在嚇唬你？你必須學會愛自己，穿越那些失誤與破壞性的時刻。現在，請建設性地使用批評。並且最好完全停止講述這些故事。編造一個新的故事。宇宙深愛著你，並會等待你弄清楚這一點。訴說一個新的故事，成功會必然發生。你能夠做到！

保護訊息：這是一個不惜一切代價避免任何戲碼的時刻，特別是當它涉及到其他人的「東西」時。這些日子以來，你的敏感度超載，你最好保持距離。你今天的口號應該是：「這不是我該插手介入的。」所有這些戲碼都會過去，你會毫髮無傷、清白無瑕地繼續過活。

38

要公平

To Be Fair

基本涵義：平衡；公正；需要考慮各種選擇；互利；因果法則。

神諭訊息：生命同時提供具有挑戰性與滋養性的經驗，然而隨著時間演進，它們會達成某種平衡。你從存在、停滯，到行動——從發現、愛，到再次存在。生命是一個在這所有狀態之間晃動的鐘

擺。你總是在做與存在之間來回擺盪。如果你不滿足於此刻的狀態，請記住，所有的經歷都有其位置。不加以評斷地接受它們，你會看到宇宙如何在完美的平衡中進行調整。你播種什麼，就會收穫什麼。每一個原因，都有一個結果。現在奇妙的事即將揭曉。

關係訊息：你現在能找到一個實現公平的方法嗎？這是一個既要聽也要說，既要理解也要求被理解的時刻。有很多事情需要學習，如果你保持開放與客觀，權衡各種選擇並考慮所有面向，你就會學到。你的心渴望與他人連結，所以允許思想與行動的平衡交流。最好的關係是互利互惠的，每一方都會感到被傾聽、被重視、被尊重。對所有人都要公平。

豐盛訊息：現在是對等交換的時刻。正義會占上風，你將獲得相應的待遇。在你的所有事務中，你能夠透過協商達成公平的解決。互利互惠是帶給你、你的夥伴與同事的禮物。這也是一個平衡你的財務狀況，以及評估你的工作如何獲得報償的好時

機。這張牌象徵平衡、正義與協商，因此要記住所有事情都必須得到公平的補償。把這一點作為你的真理……它就會這樣發生。

　　保護訊息：不公正與不公平是生活的一部分，但它們不一定能定義你的經歷。這是一個你能觀察到不公正獲得平反、公平補償發生的時刻。也許你會去拯救別人，或是被要求為個人的輕率行為負起責任。當你為自己和他人挺身而出時，你會驚訝於自己身上所湧現的力量。這張牌也表示這是替其他不幸之人代言的好時機。選擇你的目標並致力於此，因為你能夠有所作為。有一件事是肯定的：如果公平是你的意圖，為了所有相關人士的最高利益，情況將因著仁慈、同理與勇敢的行為獲得圓滿解決。

39

新生命

New Life

基本涵義：誕生新點子；成長；機會；呼吸新鮮空氣；生命的自我更新。

神諭訊息：當春天喚醒世界時，周遭與你的內心都能感受到喜悅及興奮。鮮花一夜之間從樹上綻放，鳥兒回到家中，吟唱輝煌的歌曲，大自然充滿了生機。奇蹟在向我們所有人招手。這是你生命中

的一個時刻，新的點子會啟發你，新的機會帶給你
看到夢想成真的希望。你的世界一切安好，你擁有
能讓你感覺煥然一新的所有能量。讓你的心充滿熱
情。允許你的光芒閃耀，因為這是個幸運的時刻。

關係訊息：新的能量進入舊的關係，新的關係
迸發出只有在冬天讓位給春天時才會遇到的甜蜜與
活力。這是一個與他人連結並分享興奮、激情與喜
悅的心的時刻。在愛情與各種形式的夥伴關係上，
這張牌是非常吉利的象徵。

豐盛訊息：你現在完全有理由保持樂觀，因
為事情似乎會神奇地到位。新的機會提醒你，富足
唾手可得。豐收將以令人驚訝的形式出現。保持好
奇，知道你的希望和夢想正在實現中。就像新生命
突然為你的計畫、工作與創意點子注入了一種電
力，迸發出令人興奮的潛力。好運財富正在向你微
笑。

保護訊息：你必須承認自己的經驗不足，你必
須溫柔允許自己像嬌嫩的新芽綻放開來。你可以承
認自己可能不知道某些事，這沒有關係。你正處於

事情的開始階段，還沒有完全進入狀況。沉浸在這一切的新鮮感中，別催促自己倉皇學習。新生命有它自己成熟的時間表。活在當下。生命愛你。

✦ 40 ✦

共同創造

Co-create

基本涵義：創造力；藝術；靈感；成果；顯化。

神諭訊息：你可能不認為自己是個有創造力的人，但事實上你無時無刻不在透過你的思想、情感、信念、意圖與行動來創造你的現實。然而你必須考慮到，你這麼做是與靈、意識、上帝或任

何你稱之為高等力量的存在合作。你是此一智能（Intelligence）的火花，它透過你工作，用靈感的思想與直覺的指引推動你。你是一支畫筆，與靈共同創造出一份美麗、獨特的表達呈現，這其中有你自己的個性，也與全能的靈相融合。你是神聖靈感的產物，現在你與它保持一致，創造奇蹟。當你將自己的生活視為藝術，並知道你與靈共同創造了它時，結果會產生美麗與恩典。準備好接受驚奇吧。

關係訊息：心靈的聯繫能夠激發你的靈感，讓你敞開接受你永遠不會想到的新點子。這段經歷，正讓你以一種意外的方式看到自己，宛如一面鏡子。鏡中這個回頭看著你的非凡人物是誰？你會非常高興自己保持著一顆開放的心！你的愛現在是一件獨特的藝術品，它正是美的化身。

豐盛訊息：當你收到這個訊息時，靈感的閃現會帶來巨大的成功。你現在是最富創造力的時候，無論你做什麼，都會讓你的夢想成真。請記住，你所有的點子都是來自更高的源頭。你在與靈的合作中創造你的現實。目前顯化的潛力是無限的。沉

浸在靈的浩瀚中吧。

　　保護訊息：你過度努力去創造你所渴望的一切，而沒有靈的滋養與活力。也許你正處於創作的低潮期，遭逢寫作的瓶頸——面對一個巨大的任務，卻無法決定你的第一步，所以你迴避去做任何事。現在，**不堪重負**這個詞是否適用於你？為什麼你認為這一切都要歸結於你？靈感意味著**吸收神的**指引。你必須進入靈，而不只是靠自己。向靈尋求靈感吧。兩個心智永遠強於一個，請與你的神性夥伴共同創造。重新找回你與靈的夥伴關係。只要你讓開路來，靈感就會流向你。

41

靈魂伴侶
Soul Mates

基本涵義：和諧的夥伴關係；愛；友誼；陪伴；促進個人成長的關係。

神諭訊息：你注定要在他人的陪伴下不斷進化和轉變。某些人進入你的生命，是為了把你帶到療癒、覺知與真實性的下一個層次。這是一種互惠的體驗，儘管你們每個人的結果都會有所不同。你認

識這些人是透過吸引你走向他們的強大拉力——有時則是最初對他們產生的強烈厭惡感。靈魂伴侶可以是一輩子的朋友，也可以只在你的生命中停留很短的時間。無論如何，你都會以你現在無法想像的方式被改變。今天要注意這些人。他們是你最大的禮物。

關係訊息：從最深層的意義思考愛——愛是如此強大，以致無論你們的關係持續多久，你都將永遠不一樣。想想友誼和浪漫的牽絆是如此引人注目，以致它們使你感激涕零……或是敲碎了你的心，使你最終認清自己的本性。即使是陪伴的動物也會提醒你，你才是被拯救和治癒的人。請注意，有一個靈魂伴侶就在你面前，來引導你回到真正的自己。

豐盛訊息：當你開始吸引完美的人來支持你的夢想時，策略聯盟現在是最重要的。這是你即將與他人分享的旅程。導師、事業夥伴、助手、員工、創意合作夥伴、朋友與陌生人為你打開大門，踏進這個門戶，與你一同跳起合作、承諾及共同創造的

和諧之舞。這就是你一直在等待的東西。

　　保護訊息：一段重要的關係會讓你屈服。靈魂伴侶帶著強大的能量前來。所有不利於你成就幸福的舊有模式與舊故事，都會得到修正與療癒。這個人受到了召喚，要去完成一項神聖的任務──也就是幫助你學習。即使你們的關係看起來不舒服、有點棘手，且難以理解。問題不是他（或她）為什麼要這樣對我？而是這其中的恩賜是什麼？深深望進這面鏡子。你只會變得更好。

42

砍柴

Chop Wood

基本涵義：扎根在日常的經驗中；謙遜。

　　神諭訊息：有時候，遠大的夢想會潛伏在你的意識中，這樣你才能關注生活中的簡單瑣事。想一想為什麼我們欣賞盛開的美麗花朵前，要先修剪一棵樹。拔掉枯葉，給土壤澆水，然後讓它順其自然，這種日常簡單的行為，是顯化的重要步驟。把

你的注意力從你的目標上移開，這會讓你進入一種接受的狀態。放下執著，別再糾結於更深層的目的。當你以冥想的方式來進行日常工作時，你才能清空自己，去迎接那靈光乍現、頓悟一切的時刻。這才能使你愈來愈接近你所尋求的事物。

關係訊息： 現在沒什麼比每天的例行事務更重要的了。讓你的心記住，不是所有事都必須充滿遠大意義、得之不易、令人熱血沸騰。當我們花心思處理日常事務時，關係和友誼都會進入平靜的美好。此刻非常完美。洗個碗、生個火、看本書、撿撿襪子、講個愚蠢的笑話；分享美食、牽個手、什麼都不用說的陪伴……預留更多空間給對方。目前你們關係的「工作」非常簡單：你們人在那兒就行了。「只是存在」就很好了，這真有趣，不是嗎？一切都很好，真的。

豐盛訊息： 要創造你最豐盛的生活，現在是採取小步伐而非大跳躍的時候。把你的注意力從遠大的夢想上移開，轉而處理那些平凡的瑣事。你可能在為你渴望看到的生活制定更大的計畫，但請關

注那些已經累積起來的小事。「砍柴，挑水。」禪宗要告訴我們的是，修行離不開生活。你也可以洗碗，遛狗……當你在做這些事的時候，靈便有機會為你創造美妙的奇蹟。請保持謙卑與對當下的覺察。

保護訊息：你是個只會空談的人嗎？你是否夢想著財富和名聲，腦中滿滿都是偉大的想法、發明，或是無意識的個人欲望？這張牌表示你可能把太多的時間投入做夢或談論夢想。你必須起而行，讓事情發生。你得實際做一些事情才行。就從一個小任務開始吧。請記住，只有在你開始一步步踏實前行，遠大的夢想才會成為現實。神話學家約瑟夫・坎貝爾曾說過：「向神靈邁出一步，祂們就會向你邁出十步。」

深層知曉

Deep Knowing

基本涵義：直覺；傾聽內心的神諭；同理心；過於敏感。

神諭訊息：直覺是一種能力，它使你能夠進入與源頭的對話。你是源頭的一部分，但源頭是你用肉眼無法看到的意識（Consciousness）。自然的力量帶領人們完成人生之旅，也帶領人們獲得內

在指引的天生能力，然而令人費解的是，人們總被教導要忽視它。要知道，你有能力從字裡行間讀出真相，也能找到故事遺漏的所有真相。這種深刻的知曉讓你打開智慧之門，遠超乎人類經驗的局限性。你的邏輯思維或感官可能無法解讀你所獲得的訊息，但它卻是 100% 正確與真實的。訣竅就是傾聽，然後採取相應的行動。你現在獲邀進入這個深刻知曉的神聖對話，所以請調頻並信任你的直覺──它們會是正確的。去問，你會從不尋常的來源得到答案。

關係訊息：有時你就是知道，在你的心與靈魂深處，有個人即將在你的生活中扮演一個深具意義的角色。某人走進你的人生，而就在瞬間，在一個難以言喻的層面上，你們產生了**連結**。這種感覺連結著某段你的靈魂中無法被磨滅的時刻。有人已經進入你的生命，他即將在你的旅程中發揮重要作用，所以請留意。兩顆心正在互相呼喚，開始煉金的過程。這也表示你對你在乎的人的直覺是正確的。信任你的心，讓它引導你。魔法即將發生。

豐盛訊息：傾聽你的直覺、冒險並採取行動，它會為你帶來豐厚回報。在你的內心深處，有一種神奇的意識，一種更高更深的認知，超越了比較小的頭腦的「思考」陰謀。在直覺感知的深層，你擁有途徑，能夠觸及集體天才意識。所有思想家與創造者、所有發明家與領導者的能量，以及為了邁向成功而需要的所有要件，你都可以接收得到。這是一種刻意傾聽的行為。越過繁忙的頭腦，你的天才正在等你。

保護訊息：你處於同理心超載的狀態，需要重新扎根，所以要暫時抽離一下。敏感度過高的你正面臨心理上的疲憊。這表示你要替自己充電了。設定能量界限，泡個鹽浴，清空你的思想，然後回歸自己。這不該是一個過於開放的時刻。很快地，你就可以放下防備。現在你需要自我照護與自愛。現在是對生活中讓你疲憊不堪的人說「不，謝謝」的時候。這感覺不是很好嗎？

✦ 44 ✦

思想家

Thinker

基本涵義：策略；具有分析性與邏輯性。

神諭訊息：推理與擬定策略的能力是現在的
重點。從表面上看事情，並遵循邏輯的路徑。你的
計算將被證明是正確的，因為在這個時刻，除了明
顯的事物之外，沒有更深的意義。事情就跟它們表
面上看起來一樣。你有你需要的所有資訊。保持簡

168

單，你就會在這場人生遊戲獲得勝利。

關係訊息：愛情是不講邏輯的，但當你選擇伴侶時，除了欲望之外，能有共同點是很好的。這是一個權衡你們夥伴關係利弊的時候。如果有足夠的共同點，就行動吧！如果沒有，還會有其他的選擇。不要強迫關係一定要成功。如果其他人告訴你他們是誰，請相信他們的話。現在不是沉溺於猜測和幻想的時候。無論如何，眼下情況看來，事實就是事實。

豐盛訊息：現在需要採取經過計算的行動。坐下來，謀畫一個策略。專注於你要採取的步驟，以實現你的豐盛生活。待辦清單是你現在的朋友，也請把你的行事曆拿出來吧。寫下你今天要做的事情，向宇宙發出信號，表示你對吸引富足這件事是認真的。你的計畫與策略將產生美妙的結果。記住，你最有效率的夥伴是靈。你將贏得這場遊戲，你的勝利是為了所有人的最高利益而發生。

保護訊息：你可能正受困於「分析癱瘓」的窘境中。思考是重要的，但現在試圖從邏輯上弄清一

切是行不通的。你的結論很可能是錯誤的，你根據錯誤的假設行事，這將使你陷入困境。讓你的頭腦休息一下。做一些有創意的事、運動或冥想。很快你就會清醒過來，恍然大悟的頓悟時刻將到來，為你帶來全新的明晰。

該是離開的時候

Time to Go

基本涵義：結束；完成；離開某件事，因為當中已經沒有可以學習或體驗的東西。

神諭訊息：你正處於一段旅程的終點，還沒有開始下一段旅程。這張牌祝福你到目前為止所經歷的所有時刻。總結一下你所學到的東西。現在是進入新體驗與新生活模式的時候。在目前的情況下，

你沒有什麼可做的，沒有什麼可當的，也沒有什麼可體驗的。即使你需要歷經一段過渡期，也要冒險並繼續前進。你的命運正在召喚你。

關係訊息：已經結束了，或至少，這段關係所採取的形式對你們雙方都不再有好處。該是放手的時刻，你知道這段旅程已經走到了盡頭。這並不代表什麼都失去了。雖然這張牌可以代表分手、漸行漸遠或靈魂契約的結束，但更多的是代表放下，而非毀滅。記住這句話：「如果你愛某樣東西，就放手吧。如果它回來了，它就是你的。如果沒有，那麼它從來就不屬於你。」結束總是新開始的標誌。如果你想要更深刻的事物，就離開吧。

豐盛訊息：這個訊息很明確：你一直以來的工作、創意計畫與商業聯盟已經走到盡頭。若繼續做眼前的事，你不會找到你想要的成功。這是一個吉利的徵兆，因為除了冒險踏入未知的領域外，沒有任何選擇能讓你受益。現在是走向新事物的時候。這張牌也涉及一個客觀的完成概念。你已經完成了你的任務，並且可以放心，這個結局將打開一個強

大的新機會——甚至比你能想像的任何機會還要好。你已經做了你能做的一切;現在請信任靈會讓生命的計畫持續進行。目前的運勢要求你結束生命中的這一章。記住,當你關閉一扇門時,另一扇門會打開。

　　保護訊息:即使看起來你已經走到了盡頭,一切都結束了,但事實並非如此。你所處的情況以後會再次出現,所以要將其看作是一個突破,而非結束。命運在這裡主導一切。當你向這個事實臣服時,你不會失去任何東西,也會得到一切。你的靈魂知道,你的命運正在展開,會展現同步性以及完美的時機。你的小我有懷疑,但這是自然的,因為它沒有你的命運地圖——你的**靈魂**才有!靈愛著你。信任這一點。

46

再生

Regeneration

基本涵義：重生；第二次機會；新機會。

神諭訊息：現在你可以獲得第二次機會。無論你認為哪些機會已經死亡，現在都以更真實、更強大的形式復活。你可能認為是失敗或損失的東西，現在正重生為更好、更強大的事物。重生是確定的。踏入你的新生活。命運正在以奇妙的方式得到

174

實現。

　　關係訊息：世界建立在連結與關係上。無論過去甚至現在發生了什麼損失，死亡與結束都只是幻覺。死後有生，失去後有愛；在這一刻，你正放射出再生的生命力能量，使你無法抗拒各種形式的愛。這個事實，即將浮現在你眼前。你能感覺到它嗎？愛正在浮現，前來迎接你。

　　豐盛訊息：你可能曾在某件事上失敗了，然後呢？你能在這份課題當中看見美嗎？從困境中產生的智慧，就像一顆種子，在一段時間內處於休眠狀態。然後，一旦它在你的潛意識中萌芽，它就會推升到你的意識中。明顯地，有一個新的你，一個新的開始。你當初在想像的花園裡所種植的東西，現在以某個更強大的版本與形式浮現出來。你成功的時機已然成熟。新的機會出現了，它比之前的機會好得多，就像來自神的禮物。從看似的損失與失敗中，居然出現了盛大的豐收，現在就是這樣的一個時期。別沉溺於過去，因為你真的在經歷一次重生。

保護訊息：結束有很多種形式。現在是時候停止，別再抓著死去的事物。只有如此，更好的事物才能夠取代它的位置。自然界的循環包括疾病、腐爛、死亡與再生。允許在你生命中無法起作用的事物死去。別害怕面對事實。無須掙扎或悲痛。無論你的疑問是什麼，放下它吧。你即將獲得重生。

47

堅持到底

Go the Distance

基本涵義：耐力；力量；長途跋涉。

　　神諭訊息：為了實現你的夢想，你必須從長計議，不要理會你經歷中的波動。快樂、失望與機會交織在一起，所以不必害怕偶爾的阻礙。生命不是短跑賽。這張牌提醒你，你有耐力、力量和毅力，可以帶你一路走下去。保持對自己的真實。只有你

的真實性才能讓你與奇蹟的能量保持一致。屬於你的東西永遠不會被扣留。記住這一點！

　　關係訊息：你要不是在一個和諧的關係中，就**是受到召喚**待在一個經得起時間考驗的關係中。無論好壞，當你經歷起伏——甚至拉傷、打碎自己，並在新的成長中被重塑時，你會被再生的力量所救贖。和諧並不意味永遠不會有錯誤的音符，而是指這種關係的特點是耐力與對整體和睦的奉獻。我們可以譜出一首新歌，可以將樂器調音，而愛的交響樂將持續演奏下去。用你的心去聆聽。真是一場盛大的交響樂，不是嗎？

　　豐盛訊息：你最寶貴的夢想不是即時滿足，而是持久的豐盛。這是一個長期思考、持續參與行動的時刻。當你將潮起潮落轉化為緩慢而穩定的前進時，你將體驗：氣勢正在建立起來。你現在的努力、想法與辛勤的工作能夠為你帶來無法想像的巨大財富。燃起火焰，讓不間斷的能量之流，能夠在所有的顯化階段支持你。請放心，你現在就在正確的地方。

保護訊息：你是否覺得自己已經在沙漠中徘徊了好久好久，卻什麼也沒有發生？當你想到沙漠的形象時，你會想到乾枯的嘴唇、曬傷的皮膚與海市蜃樓──但它的意義不止於此。在炎熱的沙地中，有些生物具有頑強的精神、堅韌的皮膚，並願意鑽入地下深處尋找水源，讓自己能夠茁壯成長。這是個發展生存技能與復原力的時期。你正在學習如何保存你的力量，在這個暫時的緊縮期，明智的做法是選擇你要在哪裡消耗你的能量。聽從你靈魂的召喚，因為它永遠不會把你引入歧途。這是放下不重要的事物的關鍵時刻。

48

蓄勢待發

Poised

　　基本涵義：準備好了；把某件事公開；處於最佳狀態；自信。

　　神諭訊息：你可以放心，你現在已經為任何事情做好了準備。你知道你需要什麼，你的技能很敏銳，你帶著智慧與知識來到這個地方，你感覺到你的生活即將開始一個新階段。人們對你的自信做

出回應，而且信任你。這是一個開始新事物的好時機。

關係訊息：當你對自己的樣貌充滿信心與快樂時，你已經準備好建立更深入、更親密的關係。你現在沒有什麼需要證明的。你完全是你自己，可以處理任何事情。現在，愛情、友誼與和諧的新連結都已存在或正在到來。你已經準備好從心裡給予和接受了。你所在之地，是美麗境界。

豐盛訊息：你有充分的理由感到自信。那些能具象化你的成功的一切，現在都在你的掌握之中。你可以採取行動，知道你已經準備好掌握力量、展現光芒，對世界貢獻！你前進的方向就是你的命運。當你與此一真理保持一致時，你的靈魂會欣然微笑。

保護訊息：你還沒有準備好在此時向前邁進，這沒有關係。在面對要求與最後期限時要保持鎮定。有時假裝你知道自己在做什麼是有效的，但如果你採取「假戲真做」的態度，它將會使你陷入泥沼。現在不是臨時抱佛腳和交付半成品的時候。把

事情延到你真正準備好的時候是沒有問題的。現在讓別人失望，總比以後讓別人失望來得好。

49

觀察者

Observer

　　基本涵義：觀點；客觀性；保持距離進行中立的觀察。

　　神諭訊息：大多數人都是透過個人的視角來看待世界。他們密切認同自己的感受與經歷──以致他們開始相信這些是唯一的現實。有些時候，你需要獲得觀點的距離，並從一個更中立的角度理解你

的情況。現在就是必須這麼做的時候。這是個完美的時機點，你可以開始進行一些探索。與其只考慮自己，不如考慮你需要了解你現在所接觸的條件、人、文化與環境。你會非常慶幸自己有這麼做。啟迪是你所尋求的奇蹟，而你會找到它。

　　關係訊息：有時候，你只見樹不見林。感覺變得一團糟，而且往往你會聽錯或誤解別人的意思。它就像一個回聲，覆蓋著你們的對話，反映著過去尚未解決的事件。在你做出反應之前，要多花點時間。另一個人很可能不知道他的話對你有什麼影響。退後幾步，對這種情況給予理解。對你們的關係保持信心，相信你們可以走到一起。現在要站在更高的位置上，培養好奇心，要更仔細去觀察你在自己身上、在別人身上以及在整體環境中所觀察到的事物。你會發現，事情能更快能獲得改善。

　　豐盛訊息：這是一個有利的時機，你可以透過一些距離看你正在做的事情，從不同的角度看待你的工作和計畫。重點是要讓你的目標和願望的本質相連結，同時由靈來決定形式與時間。你可能對某

個特定結果過於執著,而無法看到奇蹟,只因它沒有完全按照你的計畫發展。信任靈吧。屬於你的富足的完美版本就在眼前。保持中立與好奇,等著看奇蹟展開吧。

保護訊息:你有沒有想過,有時你只關注你的生活,而無法看到自己以外的東西?外面有一個巨大的世界——充滿眾多可能發生的現實,而你目前還感知不到。所以,你好像有點卡住了?現在是從你信任的人那裡獲得建議的時候,他們對你的情況有更好的看法。在前進之前,你還需要他人的觀點。振作起來!美麗的景色正等著你去欣賞。你只是需要一點協助,藉此擴大你的視野,來超越你的小小「自我世界」。

✦ 50 ✦

還是自己的家好

還是自己的家好
No Place Like Home

基本涵義：真實性；回到自己的家；有家的感覺；到達一個「適合」你的地方；在自己的軀殼裡感到舒適。

神諭訊息：家的感覺是安全的，它是一個舒適的地方，可以休息與創造，是一個眾所周知的地方，可以稱之為你的地方。這張牌表示，你信

任自己並在自己的軀殼中感到自在，這個能力逐漸凝聚鞏固，因為你能聲明自己的尊嚴與完整性，沒有人可以從你身上奪走你的各個面向。你知道自己是誰。你昂首挺胸，既不驕傲也不謙遜。相反地，你站在觀察者的角度，透過你靈魂的眼睛看問題。這使你處於一個權力與力量的位置。真實性是你的家。你在這裡，在你的靈性與靈的房子裡，是安全的。

關係訊息：現在，戀人、朋友、陪伴你的動物都在你的生活中。你們步調一致，充滿了愛，而且你們可以放心地知道，愛是有回報的。現在這些關係增添了情感上的安全感、舒適感以及熟悉感。在關係中要有家的感覺。你們一起為世界增添了一份愛。

豐盛訊息：當你以真實的方式行事時，就等於要求世界向你反映出符合你最高利益的事物。你的事業選擇，你所做的投資，以及你所沉浸其中的創意計畫都是強而有力的。為什麼？因為當你完全是你自己，從根本上接受你迄今為止的旅程中的一切

——包括成功，包括失敗——你將看到所有事物中的神性。當你體驗到這種真實性時，富足就會是自然進展的過程。

保護訊息：有些時候，熟悉和已知的事物不是最好的選擇。人是受記憶驅動的動物，我們都在尋找確定性，尋找我們所知道的東西，即便我們從外界與其他人身上努力想尋找的特質，是用不健康的方式表現出來的。避免太急著想找到一個家。請選擇一些不熟悉的事物，並信任你會在那裡找到一個支持你靈性的新常態。記住：如果你去做，你將有所得。去做與「感覺很對」相反的事——即使它讓你不舒服。因為感覺「對」的事，實際上是感覺「熟悉」的事，而如此一來，你會去重複吸引你不**再想要**的東西。除非你去做一些不同的事情，否則這一次不會有什麼不同。

奶與蜜

Milk and Honey

基本涵義：豐盛的滋味；因真實性而產生的機會；培育富足；信任你的需求會得到滿足。

神諭訊息：你已經進入了人生的一個甜蜜期，享受著人人都想體驗的「奶與蜜之地」。你所有的感官都被宇宙中無限的可能性喚醒，但這段期間的主旋律是相對慵懶的，宛如一段插曲。當你真實地

活，不刻意欲求，面對生命拋給你的問題可以處變不驚、游刃有餘來面對，信任宇宙的本質是良善與帶有目的，以有形或無形的方式讓自己獲得滋養時，這段時期才會出現。這段日子非常寶貴。富足是一種能量，你是其中的一部分。你的所有需求都得到了滿足。你被賦予了各種形式的滋養禮物。

關係訊息：戀人之間的感性、連結與激情的浪漫；相互理解的甜蜜時刻；以及朋友和家人之間的愛，現在都在這裡供你品味。你內心的呼喚將得到回應。讓你的思想與情感因感恩而變得甜蜜，你就會獲得豐盛之蜜的滋潤。

豐盛訊息：只有一個真實的你。這個版本的自我，是靈在這個世界上的使者。你是神聖的獨特表達，當你與此一真理保持一致時，你的小我就可以休息，你的靈魂會照亮你的人生目的。現在正是時候，讓你尋求你真正的使命。當你找到方向時，你會自動步入豐盛，世界會帶給你富足的證據。奇蹟是一種選擇，也是一種看待世界的方式。你現在所做的每一個選擇，都有可能抓住好運，接收到命運

的指引。現在，機會將引領你走向你最好的生活。對機會保持開放。你即將嘗到你想要的甜頭。

　　保護訊息：一種無以名狀的不安迫使你轉向快樂與舒適，藉此來逃避真正發生的事情。這在當下是有效的，但不過是曇花一現。不安會再回來，你需要再度重新振作，直到你筋疲力盡。於是你會感覺比之前還糟，於是繼續掙扎……或者你也可以選擇向靈臣服，看到光明。現在是進行最極致的自我照護的時候。如果可以的話，請現在就這樣做，在你做出讓你後悔的事情之前。你是如此被愛，如此被關懷著。感受對自己的愛與憐憫。將你的困擾交給神聖來醫治吧。這就是現在最重要的事。

✦ 52 ✦

彌補
Mending

彌補

Mending

基本涵義：寬恕；做出補償；爭吵後的治癒。

神諭訊息：每次我們受到傷害，允許傷害穿透我們而不去理解與整合，我們就會累積一個不必要的負擔。這會使我們被痛苦、記憶、怨恨所束縛，這些都是我們身上需要被療癒的部分。現在是修補裂痕、癒合傷口、放下舊傷的時候，好讓自己重新

獲得力量。現在是寬恕、釋放、和解以及向他人做出補償的時候。讓自己自由吧。

關係訊息：如果要繼續前進，寬恕是絕對必要的。你已經來到了這樣的時刻。無論是分開還是在一起，你和對方仍在經歷著傷害的影響，這種傷害影響著你們的一切──即使你們沒有意識到。能量需要被清理。你必須做什麼來彌補這個裂痕？封閉你的心，絕對不是答案。你有能力癒合這個傷口。問問自己，**愛會怎麼做？**只有寬恕與誠實的補救才有幫助。

豐盛訊息：每個人都會犯錯，特別是當你非常想要什麼東西的時候。你可能會意識到，在追逐一個漂亮、閃耀的東西時，你忽略了長期、永續性的豐盛。有時你做出的選擇一開始看起來很好，但最終導致了損失或失敗。現在是原諒自己與他人的時候。不要責怪別人。你可以重新開始，變得更明智、更成熟。通往真正富足的旅程可能是顛簸的。向一路上你可能傷害過的人做出補償，特別是向你自己。原諒那些可能利用過你的人。放手，並從中

學習。距離真正能滿足你的那種豐盛，你又更近一步了。當你從這個角度看問題時，沒有任何東西是遺失或浪費的。

保護訊息：心碎是一個奇怪的靈魂治療師。我們的悲痛剝去了我們的面具。我們曾經把自己看作是「我」，把世界看作是「它」，我們曾緊緊抓著這樣的認知，這認知使我們與真正的自己分離。如今，這樣的既定認知鬆脫了。失落讓我們看到：自己是一個更大的計畫的一部分，在我們把持不住的時候，讓我們敞開自己，投身慈悲、同理心以及對他人的依賴。它會引導我們，再次與更大的整體融為一體。痛苦和磨難是生活的一部分，我們沒有人能夠倖免。你能把這種損失、痛苦、不和諧看作是回到源頭的一種方式嗎？允許你的悲傷將你的心敲開來吧。你永遠不會被拋棄。你是被愛的——你現在比以往任何時候都被靈所愛著，它不希望你感到孤單。有一天當你回首現在，你會認知這個真相。

關於藝術家

珍娜·德拉葛羅塔莉亞

繪有《能量藝術卡》、《薩滿奧秘神諭卡》等作品。土生土長的紐約客，現在和丈夫（同時也是靈魂伴侶與最好的朋友）丹尼爾住在洛杉磯。收養了四隻貓，每隻都很愛她。她是自學成才的藝術家，擁有獨特的藝術風格，希望能持續發展，不斷創造出嶄新且令人驚歎的藝術作品。她的影響層面廣及各界藝術家，例如麥可·帕克斯（Michael Parkes，在幻想藝術與魔幻現實領域聞名的美國藝術家，擅長石版畫、繪畫與雕塑），吉爾·布魯維爾（Gil Bruvel，澳洲出生，法國長大的藝術家，擅長不銹鋼和青銅雕塑，原創油畫和混合媒體），以及特莉莎·尼爾森（Terese Nielsen，著名的幻想藝術家、插畫家。作品包含書籍、電影、集換式卡片遊戲，例如星際大戰、哈利波特、魔法風雲會

等等）。

《智慧神諭生活指引卡》是珍娜為柯蕾特·拜倫里德繪製的第四副牌卡，是她到目前為止最喜歡的一副。她希望你會喜歡她為這些牌卡所創作的藝術，並希望它能以某種方式感動你。

聯繫資訊：

電子郵件：autumnsgoddess@aol.com
網站：autumnsgoddess.com
推特：@Autumnsgoddess

來自藝術家的訊息

　　我的名字是珍娜‧德拉葛羅塔莉亞，我是這些神奇卡片的視覺藝術家。我在一個傾向直覺、富有創造力的家庭中長大，我覺得柯蕾特是我的創意家庭的一個明確延伸。

　　每當面對一副新牌卡，我的藝術會有所改變，藉此反映出作者和牌本身的願景、意義及靈魂。這副牌在視覺上與我們之前所做的任何牌都不同。我相信你會感受到每張牌中的奇思妙想與洞察力，以及神諭的智慧。這些牌卡真的將柯蕾特的想法和我的藝術，以相輔相成、有趣且富創意的型態帶進了現實。我希望在使用這副獨特的牌卡時，你能夠享受這些藝術，並感受到每張牌蘊含的所有靈魂。

　　我感謝柯蕾特‧拜倫里德讓我替她的夢想創作插圖，並至始至終相信我。感謝賀氏書屋（Hay

House）的 Tricia B.，她是如此神奇，為每張牌卡做了精美的框架，你的眼光真的把這些牌卡完美拼湊在一起！一如往常，感謝我最棒的丈夫，在我不眠不休為夢想繪圖時給予我最大的耐心；感謝孩子們給了我對生活中所有事物的不同看法。

最後，請永遠記住：
唯一的限制，只來自你自己！

關於作者

柯蕾特·拜倫里德

　　享譽國際的靈性直覺者、靈媒、教育家和神諭專家。她的暢銷書和神諭卡被翻譯成 27 種語言在世界各地出版。她是神諭學校（Oracle School）的創始人，這是一個全球線上學習平臺，學生遍布26 個國家。在這裡，自我賦能、共同創造與古老的神諭以現代的方式相遇。她也是能量心理學技術「觀想編程」（the Invision Process®）的創立者。她與丈夫和兩隻博美狗共組美滿家庭。

　　著有《記住未來》、《來自靈的訊息》、《地圖》、《未知》等書，以及最暢銷的神諭卡：《靈性動物神諭卡》、《薩滿奧秘神諭卡》、《智慧神諭生活指引卡》。

　　網站：colettebaronreid.com

關於譯者

安德魯

曾任出版社編輯。深受新時代導師露易絲・賀的啟發，相信深層的情緒療癒和自我照護能協助喚醒內在的力量。期許自己將更多的正能量帶給追求靈性成長的個人、企業、非營利組織和助人工作者。譯有《脈輪智慧指引卡》、《星際種子神諭卡》、《月亮顯化神諭卡》、《茶葉占卜卡》與《玫瑰神諭真愛指引卡》。

國家圖書館出版品預行編目資料

智慧神諭 生活指引卡 /
柯蕾特．拜倫里德 (Colette Baron-Reid) 著；珍娜．德拉葛
羅塔莉亞 (Jena DellaGrottaglia) 繪；安德魯譯. -- 臺北市：
三采文化股份有限公司, 2023.09
　　面；　　公分. -- (Spirit 身心靈；37)
譯自：Wisdom of the oracle divination cards : ask and
know.
ISBN 978-626-358-130-2 (平裝)

1.CST: 占卜 2.CST: 心靈療法

292.96   112009516

Spirit 37

智慧神諭 生活指引卡

作者｜柯蕾特．拜倫里德 Colette Baron-Reid
繪者｜珍娜．德拉葛羅塔莉亞 Jena DellaGrottaglia
譯者｜安德魯　主編｜喬郁珊　版權副理｜杜曉涵
美術主編｜藍秀婷　封面設計｜莊馥如　內頁排版｜顏麟驊

發行人｜張輝明　總編輯長｜曾雅青　發行所｜三采文化股份有限公司
地址｜台北市內湖區瑞光路 513 巷 33 號 8 樓
傳訊｜TEL:8797-1234　FAX:8797-1688　網址｜www.suncolor.com.tw
郵政劃撥｜帳號：14319060　戶名：三采文化股份有限公司
本版發行｜2023 年 9 月 1 日　定價｜NT$1280

WISDOM *of the*

DIVINATION
CARDS

ORACLE

WISDOM *of the*
DIVINATION ORACLE
CARDS